GACKT敗戦記

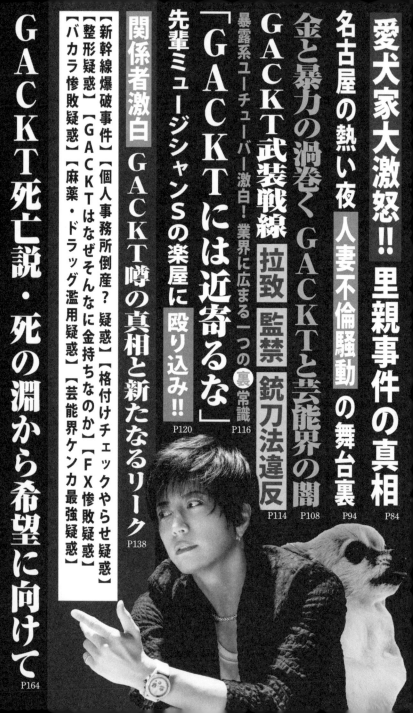

愛犬家大激怒!! 里親事件の真相

名古屋の熱い夜 人妻不倫騒動 の舞台裏

金と暴力の渦巻くGACKTと芸能界の闇

暴露系ユーチューバー激白！業界に広まる一つの裏常識

GACKT武装戦線 拉致 監禁 銃刀法違反

「GACKTには近寄るな」

先輩ミュージシャンSの楽屋に殴り込み!!

【新幹線爆破事件】【個人事務所倒産？ 疑惑】【格付けチェックやらせ疑惑】【整形疑惑】【GACKTはなぜそんなに金持ちなのか】【FX惨敗疑惑】【バカラ惨敗疑惑】【麻薬・ドラッグ濫用疑惑】【芸能界ケンカ最強疑惑】

GACKT死亡説・死の淵から希望に向けて

GACKTは本当に勝ち続けていたのか？

P4

呆れた下半身事情
歌舞伎町キャバ嬢6時間監禁レイプ疑惑

P22

消えた震災義援金

P32

GACKT脱税か？

P44

一人売抜け？巨額の利益か!?ガクトコインの闇
事務所にマルサ介入!!

仮想通貨詐欺疑惑

P62

盗作デザインで謝罪一切無し

GACKTボロ儲け

P74

GACKT は本当に
勝ち続けていたのか？

「GACKT 復活！」と騒がれた 2023 年正月特番の格付け番組を観た視聴者
たち、そしてベストセラーとなったボクの著書『GACKT の勝ち方』の
読者たち。
彼らには、「GACKT はいつ、如何なる勝負でも勝ち続けている」という
イメージがあるらしい。
また、動画や写真などで、ボクが様々な人たちと会食をしている姿を見て、
「GACKT は仲間に恵まれたヤツだ」と思う人間も多い。

では、GACKT は本当に仲間に恵まれ、勝ち続けてきたのか？
そんなにも順風満帆な人生を生きているのか？

答えは、NO だ。

ボクのこれまでの人生は、誰よりも敵が多く、孤独で、
そして負け続けている。
タチが悪いのは、ボクにとっての敵は、
わかりやすくボクの前に立ちはだかるわけではないということだ。
ネットの向こうでほくそ笑む匿名のアンチ、
こちらの警戒の網を巧みにすり抜ける詐欺師、
部数を伸ばすためならばデマでも真実として載せるメディア、
そして信用していた仲間の予期せぬ裏切り。

ボクは幾度も負けてきた。

もちろん、勝負事においては絶対に負けない。
いや、勝つまでやめないだけ。

人生という対戦相手不在の勝負において、
周囲から「勝ち」と見える数の、その何十倍もの数を負けている。
さらに、その結果、世間を敵に回してしまうこともあれば、破産寸前に
追い込まれるほどの損失が出たり、本当に死にそうになったことだって、
何度もある。

では、なぜ「GACKT は常に勝っている」というイメージが強いのか？
それは、ボクがたとえどれだけ敗北を重ねようと、
誰よりもリトライするからだ。
GACKT は、
本当に欲しいものを手にするためであれば、
たとえ何度負けたとしても、その度に立ち上がり、
そして勝つまで勝負を続ける。

その結果として、
最後に勝利しているだけのこと。

だからこそ、ボクの全ての勝利の背景には、

目を覆いたくなるほどの
敗戦記が存在している。

極めつきは2年前。ボクは病魔に負け、体調を壊し、意識を失い、死にかけた。
生死の境を彷徨い、意識が戻っても、髪は抜け、肌は荒れ、
とても外に出られるような状況ではなかった。

全ての仕事をキャンセルし、
「GACKT、無期限休業」を世間に発表した。

ボクが普段から不摂生な毎日を過ごしていたのなら納得もいく。
それならば休業を余儀なくされても自業自得だ。
しかし、ボクは日々厳しいトレーニングをかかさず行い、
誰よりも食生活に気を遣って生きてきた。
それでも生まれつき体が弱いことはどうしようもない。
いつかその引き金が引かれることは覚悟していた。
それがたまたま今回だっただけのこと。

病に身体が蝕まれ、精神的にもダメージを受ける中、
追い討ちをかけるかのようにアンチからは、
「本当は病気じゃないのにスキャンダルから逃げるために休業している」
などと散々なことを言われ、攻撃が繰り返された。

それでもボクは這い上がり、今なお、立っている。
なぜか?

膝が崩れ落ちても
立ち上がる原動力はひとつだ。
「前に進み続ける」ということ。

ボクはアンチのことを、敵だとは思っていない。

向こうは思っているかもしれないが。

週刊誌のことも、ネットのことも。それは、仕方がないこと。

そういったリスクも含めて、ボクは表に出ている。覚悟もしている。

もちろん、それが心地良いわけではないが、表に出て仕事をしている

人たちにとっては、多かれ少なかれ、その攻撃対象になることや、

プライベートなどない状態になることは、仕事の一部みたいなもの。

そもそも、
なぜボクのアンチは多いのだろう？

ネットの世界でコメントを書く人は、応援してくれるファン、アンチの人、

ネガティブな人、ポジティブな人、忙しい人、暇な人。

こうやって比べると、負の方の人たちしかほとんど書き込んでいない。

ヤフーのコメント欄なんて特にそうだ。読む価値のないディスり合い。

しかもディスってる人同士でまた罵倒し合うという、

地獄の餓鬼畜生のような凄まじい負の連鎖が起きている。

昔の便所を彷彿させ、穴を覗くと、魑魅魍魎が跳梁跋扈している。

少なくとも、生活が充実してる人たちは絶対にやらない。

昔、ドワンゴの会長から言われた言葉がある。

ネットの現実、ネットの書き込みの見方をみんな知らなすぎる、と。

ネットの掲示板などに見られる習慣は江戸時代から存在する。

だが、基本的にコメントというのは、世の中のみんながそう思っている

からそれを書き込んでるのではなく、そのなかの、「負の人」「ネガティブ

な人」たちがそれをやっているというだけのこと。

トイレの落書きもそう。「バカ」「死ね」「誰々殺す」などと、

くだらない落書きは昔から腐るほどある。

ネガティブな人たちはネガティブなものの見方をする。
そしてそのネガティブなエネルギーはとても強い。
だから、何回も何回も、大量にネガティブなことを書き込む。
だから、その人たちのものの見方っていうのが目につくよ、と。

実際に面白いと思ったのは、例えばニコ生とかのライブ配信。
そういう時のアンチコメは、ほとんど気づかれない。早く流れすぎて
いてわからない。大多数の中のほんのひとつに過ぎない。
だが、それがアーカイブになって、配信サイトなどで何回も見るように
なると、そこに何度もアンチコメを書き込むから、それらがどんどん目に
ついてくるという話。

つまり、「書き込む」という行為にエネルギーを使う人たちは、
負のエネルギーを持った人たちの方が圧倒的に多い。
だから、それも踏まえた上で判断していかないとならない。

アンチコメはそもそも、ネガティブな人たちが書いているもの。
だから、そういう人たちの書くことを真に受ける必要などない。
それによって傷つくなんて、もったいない。

要は、100 人いて 99 人に「ありがとう」と言われ、
たった一人に「オマエなんか嫌いだ」と言われたとする。

その、たった一人の「オマエ嫌いだよ」に傷ついているのと一緒。

だから、そこに傷ついて自殺なんてするな。もったいない。

こういうことは今に始まったことじゃない。そして絶対になくならない。
大昔から続いていることで、人間の持つ、業だ。

人間は、残念ながら、優越感と劣等感の間で生きている動物だ。

誰かを見上げて劣等感を覚え、自分より下の人間を見て優越感を覚える。

上を見て、「なんで俺は、私は、こうなんだろう」と悔やむ。

下を見て、「ああ俺はこいつよりマシ」「私はこの人よりも全然イケてる」
と思う。

この狭間でずっと生きていると、とにかく下を探したくなるものだ。

弱い者、攻撃できる対象、
自分の不満のはけ口を探したいだけ。

特に弱い人になればなるほど、それは顕著だ。

ただ、それはきっと、普通のこと。人間の業だから。

もしこの本の読者で、今、ボクほどのアンチからの被害じゃなくても、
ネットで誹謗中傷され傷ついている人がいるなら、気にする必要はない。

匿名でオマエを傷つけようとしているヤツらは、落書きし続ける、

公衆便所の住人たちだ。

オマエとは住む世界が違うのだから。

この本では、これまでボクがそんな便所の住人たちから散々言いたいこと
を言われてきた事件、スキャンダル、そしてボクが体験してきた敗北の数々
などを、知られざる真実・真相と共に書き記す。

制作過程において、事件、スキャンダルを羅列してみたが、ボクの事務所
の元会長が、それらを眺め、

「これが全て本当なら、
GACKT は年明けには逮捕だな」

と笑っていた。

勘弁してくれ。何をそんなに楽しそうに言ってんだ。
週刊誌が好き放題に書いてきたことがもし真実だったならば、
ボクはとっくに芸能界から消えているし、

年明けなど待たずに
とっくに刑務所にいるか、
国が国なら、死刑になっている。

ボクはボクの貴重な時間を、くだらない記事への反論に使いたくなかった
から、いちいち反論することもなかったが、それらはしっかりデジタル
タトゥーや心の傷として今も残っている。

ボクの人生は、決して順風満帆なものではなかった。
真っ黒な噂も数多く出回っている。
だから、皆が気になっているであろう、それらの噂について、

ボクの口から真実を語ろう。

なぜか？

今回の病気の件で、ボク自身も命の危機を感じ、
「人間、やっぱり、いつ死ぬかわからないな」と改めて実感した。
だからこそ、ここに真実を残しておく。

さあ、ボクの敗戦記と、
その全ての真実を語ろうか。

本著制作にあたり
NORTH VILLAGE 編集部

大ベストセラーとなった『GACKTの勝ち方』をはじめとし、『GACKT超
思考術』『GACKTのドス黒いメンタリズム』とGACKTさんの著作物を出
版してきたNORTH VILLAGE編集部。

これまでの制作において、GACKTさんの教えともいえる【思考】【哲学】
【エピソード】を、既刊3部作に余すことなくまとめてきた。

人生の糧となりえる、そしてすぐにでも実践してみたいと思わせる力強い
メッセージをどれほど発信し続けてきても、やむことのないアンチコメント
や疑惑への問い掛けの嵐。

GACKTさんがこれまで成し遂げてきた偉業は誰もが認めるところではあ
るものの、つまるところ、

「GACKTは黒なのか？ 白なのか？」

それこそが世の中の知りたいことであるのは間違いない。

読者やファンの中にも、これまでのスキャンダルや炎上の真実は、どこか
ブラックボックスとなり、真相は闇に葬られているのでは、と感じる者も
いる。そこで、NORTH VILLAGE編集部は覚悟を決め、潜入取材を敢行。

マレーシアに住むGACKTさんのご自宅近く
に担当編集者が家族ごと引っ越し、
真相の解明に踏み切った。

そして、今まで踏み込んでこなかった、一番聞きにくいことをGACKT
さん本人に取材することに成功。

本著では、これまでの数え切れないGACKTさんのスキャンダルや炎上の
知られざる事実を取材した。

だが、それらを本としてまとめていく中、

「本人の証言だけで、説得力はあるのか？」

という疑問が頭をよぎることになる。

私たちは、さらなる潜入取材を敢行することとした。

もしかすると、数々の事件の真実を知る、第三者がいるのではないか？

事務所の元社長T氏に話を聞きに行くと、

「兄さんの身元引受人であり元会長のM氏や数々のトラブルを解決してきた元顧問のS氏なら全ての事件の真相を知っているのでは？」

と教えてもらった。

なお、これまでに、
GACKTの事務所の社長は2人亡くなって
いるという都市伝説もある。

文字通り命懸けの取材である。

潜入取材を続けた我々編集部は、遂に元顧問であるS氏に辿り着くことができた。そして、とある場所で、センシティブな内容が次々と語られる、緊張感溢れる取材が行われた。

本著では、GACKTさん本人の発言とあわせて、S氏による証言も掲載する。

またS氏からは、メディアで報道された事件やスキャンダル以外にも、

GACKTさんにまつわる、様々な噂の真相を聞くことができた。

これまで、どの週刊誌も、ここまでの真相に迫ることは、できていない。

GACKTは黒か白か？

それを決める陪審員は、
この本を最後まで読んだ、あなただ。

実録 GACKT スキャンダル

暴行、脱税、横領、強姦、不倫…。

GACKT はこれまでに様々なスキャンダルで世間を騒がせてきた。
だが多くの場合 GACKT 本人は固く口を閉ざしてきた。

スキャンダルの数々は、果たして真実なのか？　それともデマなのか？
ついに、GACKT 本人、そして証人 S から、
事件の真実を聞き取ることに成功した。

GACKT

呆れた下半身事情

歌舞伎町
6時間連続
レイプ か?

最後はぐったり…

シリコン
ボール30個 !!?

事件のきっかけは、2011年9月。GACKTは男性2人と共に、ある女性が働く新宿歌舞伎町の店を訪れた。1時間ほどで店を後にしたGACKTだったが、その時にアプローチをかけてきたと女性は語った。
「3時半ごろGACKTさんに迎えの車が来て、私を送ると言いました。私は自宅が近くだったので断ったのですが、GACKTさんに腕を引っ張られ強引に車の中に押し込まれたんです。車の中でGACKTさんはもうズボンを脱いでいました」（引用：『FLASH』）

女性は、車の中で無理やり髪を掴まれ、顔を叩かれ、口淫を強要させられた、と続けた。さらにその後、GACKTは女性を自宅に連れ込み、4時間以上もの間、乱暴に口での奉仕を求めたあげく、彼女の両手を縛ったまま、約2時間、正常位のみでの性行為を続けたそうだ。

GACKTのアソコには毛が一切無く、シリコンボールが全体に30個ぐらい入っていたのだとか。

「彼は約6時間の間射精せず、最後に1度だけ射精してぐったりしていました。私が泣きながら『もう帰っていいですか』って聞いたら『鍵は自動で閉まるから勝手に帰れ』って言われて。縛られていた手を自分でほどいて、やっと家を出たんです。私はすぐ近くにあったコンビニに駆け込みました」（同）
女性はすでに被害届を提出している。

レイプ事件の真相

「GACKTはレイプ未遂をした」といまだに言われるが、
ストレートにみんなに聞きたい。
ボクに、その必要があると思うか?

レイプされることはあるかもしれないが、
レイプする必要があるか?

ボクは去るものは追わないし、来るものは受け入れる。だから無理やり
どうのってのは、どんなに酔っていてもしないし必要もない。
その時の事実を言うと、
レイプされたと言った女の子は、ボクが新宿でお店に飲みに行った時に、
雰囲気が良くなって、一緒に家に帰った。
そして、普通にエッチした。

その後しばらく関係は続いたが、途中から彼氏ができたのか、
会わなくなっていった。
もちろんボクも忙しいから、そもそも頻繁に会うこともなかった。

その子と出会って5年ぐらい経ってからの話だ。
彼女はその頃付き合っている彼氏と、新宿警察署へ行った。

被害届を手に、「事件として取り扱え!」と、署の中で暴れ、
まさに発狂してるような状態だったそうだ。
後で聞いた話だが、その彼氏は、
薬物の理由で警察に存在を把握されていた人物だった。

そこで警察は、被害届の受理こそしなかったものの、
収まりがつかないから、「わかりました。調べますから」と2人を帰した。
そして一人の刑事が事実確認のために当時のバー、キャバクラなどの
飲み屋に聞き込みをすることになった。
そして、その聞き込みされたオーナーたちからボクに連絡が来た。
「警察が来てこういう話になってますよ」と。
ボクは、新宿で行く店のオーナーたちとは、みんな知り合いだった。
そこでボクから刑事に連絡をした。
「今、これこれの件で捜査してます?」
「はい」

「じゃあウチ来ません? その方が早いんで。
捜索令状とかそんなの一切いらないので
直接、見てください」と。

後日、刑事さんがウチに来て、
まずボクは今回の被害者の証言を聞いた。
その証言では、ボクはまず、彼女を車から引きずり下ろしたと。
そしてウチのロビーで、ボクのマネージャーの前で彼女をレイプ。
それから寝室に続く階段を引きずり下ろして、
ベッドに紐で繋いで、4時間しゃぶらせ続けた、という。

だいぶ過激だが、
ボクはそういうイメージなのか?

その証言を聞いてから、刑事さんに、
「ちょっと見てもらっていいですか」と。

まず車から。ボクの車は、車高がかなり高い。
「これ、引きずり下ろせる高さですか？」
「無理ですね」
「ですよね。さすがにこれ、自分で降りないと降りられないですよね」
「ですね」と。

ウチにはカメラが付いてるが、
データが当時は2年で消えていた。だからデータは残っていなかった。
なので、「街の中にもカメラあるだろうから見てくださいよ」と言ったら、
街の中のカメラも一定日数で消えると。
そんなの意味ないじゃないかと思ったが、当時はどこもそんな感じだった。

それから次は、引きずり下ろしたという階段を見てもらった。
かなり急な石の階段だ。
「これ引きずり下ろしたら死にますよね」
「そうですね」
「じゃあベッド見てもらっていいですか。
紐繋ぐとこ、ありますか？」
「無いですね」と。
もちろん、弁護士も同席の上で話をした。

結局刑事さんには、
「調べると言ったのがそっちなんだから、
全て徹底的に調べてもらっていいですか？」
と言ったが、結局は何もないわけで。

結果として、「事件にはなりません」という話に落ち着いたが、
世の中にはそのニュースだけが残った。
「GACKT レイプ」と。

もちろん、好意があったから SEX をした。
だから彼女に訴えられたり、週刊誌のネタにされたことには深く傷ついた。
ボク個人はもちろん、事務所もそのニュースには相当なダメージを受けた。

最初に言ったが、
ボクにはレイプなんて、必要ない。
日本で一番必要のない人間だ。

ただ、今思うとボクにも彼女への配慮が足りなかったのかもしれない。
彼女が何とボクを天秤にかけたのかは知らないが、
結果として誰も得をしない、
お互いにとって悲しい決別となってしまったのだから。

S の証言
testimony

S 氏との接触

GACKT の数々の疑惑の真相を追求した書籍を出版するにあたり、GACKT 自身の告白だけでは不十分だと考えて証言者を探す中で辿り着いたのが S 氏だ。

GACKT にかけられている疑惑を当時の状況も含めて、最もリアルに知る人物ではないのかと確信できたのがこの S 氏だ。複数の事情通の関係者によると S 氏は長らく GACKT を支えてきた人物の一人で個人事務所の顧問だったという。現在は香港在住らしい。

疑惑の真相を証言できるキーマンとも呼べる元顧問のS氏にようやく会うことができたのは取材を始めて半年後のことだった。
場所は香港の九龍(カオルーン)エリア。そこに摩天楼のようにそびえる 490 メートルの ICC の 102 階から 118 階を占めるリッツカールトンホテルの一室でS氏と会うことができた。S氏は香港で経営や税務コンサルティング他、いくつかの会社を経営している実業家だという。

部屋の広い窓の対岸にはビクトリアハーバーが広がり、その向こうに香港島中環(セントラル)エリアの荘厳なる夜景が眼下に見下ろせる。ここは世界で一番高い場所にあるホテルとして知られている。重量感ある椅子に深く座ったスーツ姿のS氏は、バリトンの声で、くったくの無い様子で穏やかに口を開いた。驚いたのはその話の日時、関わった人間の相関関係などが、まるで裁判の法廷証言のように極めて詳細でよどみなく、鮮明なことだ。

【この 15 年間、週刊誌やマスコミは私のところには誰も来なかったが…まぁ、噂されたりしている話って漫画か小説みたいな話であってね。皆が勝手に妄想したり、話を膨らませてゴシップにしているものばかりです。GACKT という存在がミステリアスなイメージだからそんな風になっているだけですよ。都市伝説みたいなもの。疑惑の証言ですか? いいですよ。何から話しましょうか】

■まず、Sさんにとって GACKT さんはどんな存在なのか教えてください。

【ダークヒーローでしょうね。

世間的にはトラブルメーカーに映るんだろうが、
彼が巻き起こすわけではなく、トラブルが彼に吸い寄せられている。
それは彼の人を惹き付ける力。月も星も光もゴミや塵さえも全て引き寄せてしまう引力を持っている。私から見たらそんな磁石のような男です】

S の証言
testimony

レイプ疑惑の真相

歌舞伎町キャバ嬢レイプ疑惑のことだね。
あれは出版社の光文社が出している写真週刊誌『FLASH』にいきなり記事
が出て、それで私は知った。2013 年の 5 月だな。

それで GACKT の自宅に行ったんだが、彼は暗いガレージの大きな椅子に
座り、そうやって記事を見て慌てて訪ねて来る関係者を睨みつけていた。
まるで動物園の檻に閉じ込められた野生の虎が、面白がって観にくる客を
威圧するかのように蒼白い怒りをその眼に宿している。

「ボクを信じられないわけ？」

と GACKT は低い声で言った。

「週刊誌によると、女性はベッドの四隅に縛りつけられて 6 時間レイプ
されたことになってるけどボクのベッドは丸型で柱も無い。どうやって
縛りつけるワケ？」

それにはなるほどと大笑いした。確かに彼の寝室のベッドは丸い。
私は聞いた。

「そんなことを訊きに来たわけじゃなくてね。
これからマスコミと闘わなきゃならないからひとつだけ
聞いとこうと思ってね。で、その女性とセックスしたの？」

「したよ。でもボクがレイプする必要なんて
無いじゃん？
女が求めたから普通に抱いただけ」

GACKT はサラリと答えた。

それだけのこと。被害届が出ているというのなら警察に来てもらおうと
GACKT が自ら言い出して新宿署の刑事に来てもらった。結果として事件
にはならなかった。そんな事実はなかったと警察が判断したんでしょう。
当時は週刊誌も GACKT をやたらネタにしていたからね。そんな最中での
騒動だった。

当時の GACKT には多くのガールフレンドがいて、毎月 200 人くらいずつ、
アドレスを削除してたからね。（笑）

女性に恨まれることは日常茶飯事だったんじゃないかな。
そのあたりは彼にも罪はあるんだろう。罪な男という意味で。

東日本大震災

消えた義援金

総額約2億

謎の韓国系企業との癒着か？

GACKT に震災義援金の横領疑惑が浮上。

GACKT は 2011 年の震災発生直後、義援金集めのプロジェクトを立ち上げた。しかし、なぜか韓国のオンラインゲーム会社の日本法人の口座と、楽天銀行の専用口座で募金を集めた。両口座に集まったのは約2億1000万円。そして GACKT はその全てを日本赤十字社に寄付している。
「なぜオンラインゲーム会社の口座に？」
と横領疑惑が世を賑わした。

さらに、同年 3 月末に、全国 130 箇所で 5000 人のボランティアを使って集めた街頭募金。約 2500 万円を集めたと発表しているが、
GACKT の個人事務所の関連会社の役員によると、

実際は 4 億円ほど集まった

といい、その使途にも、疑惑の声が上がっている。

義援金事件の真相

2012 年、義援金詐欺をしたどうのこうのと言われたが、
集めたものを全部そのまま
銀行から直で日本赤十字社に送っている。
その過程で、どうやって取るんだ？
という話。

実際に、集まったお金には、全く触っていない。

結局、日本では、ヘイトが必要みたいなところがある。
社会的にしんどいことがあると、攻撃するための対象を作る文化がある。
「オマエの汗のかき方は間違ってる」と、汗をかいてない人たちが言う。
日本には人の汗のかき方に文句を言う人がめちゃくちゃ多い。
ただ、それも結局は言ったもん勝ちの印象もある。

ボクらは違うと主張し、証明もした。
だが、義援金の記事はずっと残っている。

人は「アイツってこんな悪いヤツなんだぜ」と言いたい生きもの。
そう言って、その人の人生にどんなプラスになることがあるのか。
それは「面白い」と思える、ということだ。
だからみんな、自分には一切関係ないのに文句を言う。
でなければ、こんなにたくさんのワイドショーは存在していない。
他人のどうでもいい噂話を流してるワイドショーがあり、主婦たちがそれ
を見ているということ。

他人の話など、
自分の人生には全く関係が無い。

にもかかわらず、他人の出来事や不幸や、アイツは悪いヤツだ、みたいなことで、喜びたい人たち、喜ぶ人たち、面白いと思う人たちがいるということだ。

そして、今の日本は、アメリカと違って、書いたもん勝ちの世界。
正しいか間違っているかなんて関係なく、書いたらOK。

みんな、言論の自由とは言うが、言論の自由で書くだけ書かれて、
それに対して裁判を起こして勝っても、裁判費用すら出ない。
弁護士費用も出ないし、慰謝料など、数百万円程度。

それによって起こった損失から考えたら、全く割に合わない。
しかも、記事が出たとして、その記事に対して裁判を起こして、
結果が出るのは、2〜3年後のこと。
そして訴訟相手が雑誌だとしたら、その雑誌の一番後ろに謝罪文が掲載されるのみ。

「この件に関しては、どうのこうの、
すみませんでした」と。
そんなページは誰も読まない。

理不尽きわまりない。
この国は、昔からそうだ。それは治らない。
言いたい放題で書きたい放題の社会。

ペンの自由とか言論の自由とか、綺麗な言葉にしたとしても、ネットや雑誌の記事を書いている人たちもそうだが、結局どれだけビューワーがあるかで、自分たちの広告料が決まるみたいなところでやっている。
つまり読ませたい、クリックさせたいだけ。
そしてそれは、悪く書いた方が、過激な方が、盛り上がるもの。
良いニュースよりも、そういうことにみんな興味がある。

ガーシーだってそう。
ガーシーが「この人はこんなにいい人です」
と言うよりも、
みんなは、
「こいつはこんなに悪いヤツだ」
というところに興味がある。
「あいつはこんなヤツと寝た」
「あいつはこんなひどいヤツだ」
というものが見たいだけ。

この日本の社会そのもの、
人間そのものが、
下世話になっている。

もともとそうなんだろうが。

Sの証言
testimony

「義援金詐欺」S氏の証言

これに関しては、当時、正式に事務所に取材しに来たのは『週刊文春』
だけでしたが、日本赤十字社の義援金受領証など資料を示して明瞭に回答
したら、それきりで記事にもならなかった。

3月11日、東日本大震災が三陸沖で発生した時、GACKTは都内の仕事場
から自宅に向かう車中にいたようだ。

GACKTはその夜には動き出して
日本国内だけでなく世界中に懸命に
被災地支援を呼びかけだした。

つまりが被災地支援の旗振り役の名乗りをあげたわけです。私も一緒に
なって協力しました。
GACKTはそれはまさに
鬼神の如くの様相でした。

食事さえ摂らずにSNSや電話を駆使して24時間やりとりしていた。数人
の側近スタッフも同様に動いていた。その結果として、信じられない程の
支援物資を彼は集めた。水から食糧、医療用品、子供のオムツやミルク、
老眼鏡、衣類、そしてガソリンや自衛隊車輌支援のための軽油まで。自衛
隊の車輌の燃料は軽油だからね。
ところが集まってくる物資を保管する場所が無い。まさか野晒しには出来
ないわけです。だが、東京や都心の倉庫は東北への道路が寸断されたり
福島原発破壊の影響で全ての物流が止まっていたために商品が都心で溢れ

てパンパンだった。さらに政府が倉庫を押さえてしまっていたからね。

その際に、GACKTの後見人でもあったM氏が大きな業務用倉庫を用意した。コンピュータで24時間管理されている巨大な倉庫をね。さらには、大きなウィング車と呼ばれる、壁が横にガバーッと開くコンテナトラックも準備した。

M氏は当時、食肉事業や食品の貿易、物流事業などをやっていたから手配できたんじゃないかな。

その他にもGACKTがトラックを借りてきて

支援物資を自ら先頭に立ち、
スタッフやダンサーたちと積み込んだ。

フォークリフトで積むような数十トンの支援物資でしたからね。それは大変な重労働だったと思いますよ。

S の証言
testimony

そして、まだ封鎖されていた東北自動車道ルート、迂回しての新潟、山形
越えルートの複数ルートを使い、まだ自衛隊も入っていない最大被災地
宮城県沿岸部に向かった。いまだ雪が散らつき余震が止まらない状況だった。
道路は警察が封鎖していて許可を取るのに３時間の交渉を要したという。
Ｍ氏が自ら被災地に乗り込んだからね。Ｍ氏は仙台で事業会社を経営して
いたり、オーストラリアと東北の橋渡しをしていたから宮城県や東北とは
繋がりが深かったんだと思う。しかし、一番の動機は GACKT の言葉に共
鳴して M 氏も突き動かされたのではないかな。GACKT にはそういう人を
動かす不思議な力があった。

GACKT はその勢いのまま
自ら街頭で呼びかけて募金を始めた。

それは日本全国に広がり 130 箇所の街頭募金となった。
芸能人の藤原紀香、山田邦子、川﨑麻世からスポーツ界では高橋尚子、
吉田秀彦、谷亮子、海外では画家のクリスチャン・ラッセンや
ジャッキー・チェンまでが GACKT に賛同して彼が名付けた
SHOW YOUR HEART という東日本大震災被災地支援活動の輪が拡がった。

あそこまでやった芸能人は他にいないんじゃないかな。
そうして集まった共同募金。街行く親子や学校帰りの中学生が 100 円、10 円、
50 円と募金箱に入れてくれたもの。つまり、その募金箱が 1 箇所に 7 個あったと
して 130 箇所で 910 個。子供までが入れてくれて小銭がいっぱい詰まった
910 個の募金箱を GACKT が開けて盗んだ、自分の金にした、という主張
が週刊誌やネットのアンチの【GACKT 義援金詐欺事件】なんですよ。

集まった募金は 2 億 818 万 1735 円だった。

それは SHOW YOUR HEART 基金として

日本赤十字社に全額を入れた。
これがその受領証です。

第 11TH-398 号

SHOW YOUR HEART 基金　様

　このたびは、被災された方々のための義援金をお寄せいただきまして、
誠にありがとうございました。
　お預かりしましたお気持ちと義援金を早速、被災された方々にお届けし
て一日も早い立直りのために役立てていただくようにいたします。

受　領　証

¥ 2 0 8, 1 8 1, 7 3 5. ー

但　東北関東大震災義援金として

上記のとおり受領致しました。

平成 23 年 4 月 6 日

日本赤十字社

社　長　近衞　忠煇

〒105-8521 東京都港区芝大門1-1-3

TEL. 03－3438－1311

　（注）この受領証記載の金額は個人については、所得税法第78条第2項第1号、法人につ
いては、法人税法第37条第3項第1号の規定に基づく寄附金並びに、地方税法第37条の2第
1項第1号及び第314条の7第1項第1号に規定する寄附金に該当します。

Sの証言
testimony

私もその作業に協力していたが、後に取材に来た『週刊文春』は、これを提示されたら、もう記事にはしようがないわけです。

募金を集めるのにね、まさかGACKT個人の口座にするわけにはいかないからお付き合いのあったハンゲームというゲームアプリ企業にお願いしたんです。

ハンゲームはその後にLINEという皆が知る会社に変わるわけだけどね。

当時はハンゲームという社名を知らないマスコミも多かった。

この会社が韓国籍の会社だとして、韓国の会社に募金を集めてるのはおかしいとネットを中心に騒いだわけです。おかしな偏見と差別的なバッシングだったと思いますよ。

そこで楽天銀行に相談をし全額移し替えた。その記録もある。

マスコミやネットは、何故に韓国籍の会社に？とバッシングしたが、東日本大震災では隣国の韓国の人たちにも随分助けられたわけです。ボランティアで真っ先に被災地に駆けつけてくれた韓国人たちもたくさんいた。

なのに韓国の企業に寄付金を集めたから怪しい！！とネット民を中心に騒いだ。それでハンゲーム社にそれ以上迷惑にならないように楽天銀行に相談をしてボランティア専用口座を開設してもらい、そこに募金全額を移して前述の通り日本赤十字社に寄付をした。それだけの話です。

そこに間に合わずに遅れて入って来た支援募金は【あしなが育英会】に寄付した。震災で親を亡くした子供たちを進学させたりするプログラムをGACKTが支援した。これはマスコミがあしなが育英会に確認したらわかることです。

GACKTはここまで善意を貫いて
懸命に頑張っても
【詐欺】だの【怪しい】だのと言われてしまう。

何をやっても黒だ、グレーだと言われる。
なぜでしょうね。
こういうのを【ダークヒーロー】と呼ぶんでしょう。
その切なさ、寂しさ、孤高感というものが、アーティスト GACKT のエネ
ルギーになってきたんではないかな。
光の届かない暗黒の星ってやつですかね。

彼が正義か？ それはどうでしょうか。

一心に身を投げ打って人に尽くしたり、情をかけたとしても、裏切られる
ことは結構多いものです。

裏切られることもまたその人の業かもしれないし、
裏切られること自体が悪なのかもしれない時代ですからね。

私が知る限り GACKT は誰よりも裏切られてきた男だよ。

人を信ずるがゆえに裏切られる。
それが積み重なって誰も信じない。
神さえ信じない GACKT が
出来上がったんじゃないかな。
モンスターがね。

GACKT の事務所

脱税

巨額 約**2億**所得隠しか？

マルサが動いた！

ミュージシャン GACKT（40）のファンクラブ運営経費を水増しし、

約5800万円を脱税したとして、

東京地検特捜部は9日、法人税法違反などの疑いで、昨年までファンクラ
ブを運営していた会社「DEARS」取締役 長谷川裕容疑者（42）ら3人を
逮捕した。他に逮捕したのは、同社代表取締役 玉置公祐容疑者（54）、
知人の会社役員 池内健一郎容疑者（41）。
GACKT は玉置容疑者らが設立した芸能事務所に所属し、昨年、別の
事務所に移籍した。現在の事務所は「経営には関わっていなかった。
事情を全く承知していない」としている。
民間調査会社などによると DEARS は06年東京都大田区に設立。
GACKT のファンクラブ会費などを原資に運営を担い、イベントや
コンサートチケットの販売などを手掛けていた。
逮捕容疑は、DEARS が外注する際の費用を水増しする手口で、
10年9月期までの2年間で

計約1億9500万円の所得を隠蔽、

法人税計約5800万円を免れるなどした疑い。

脱税疑惑の真相

ソロデビュー直後、事務所の社長が金でおかしくなり、袂を分かった。
その後、別の事務所を挟み、その次の事務所の社長もおかしくなり、
脱税をしたという話だ。

ボクはその当時、もうその社長はダメだ、という話をしていた。
ボクとまともに向き合わないし、責められると思って怖かったのか、
1年間、ボクと会ってすらいなかった。

ボクは自分たちで用意し、その社長のいる事務所との契約を解除し、
次の事務所を立ち上げた。

だが、その月にマルサが入った。

結果、もちろん脱税をしたその社長本人が捕まったが、
なぜか、「GACKT 脱税」と
言われるようになった。

いやいや、ちょっと勘弁してくれよ。
むしろ被害者はボクだ。

結局のところ、その事務所からのボクに対する支払いも滞っている。
10億円まではいかないが、数億円単位の話。
それも使ってしまったんだろう。

要は横領されたということだ。

「やらかすな」と思った時に、ボクはそのタイミングで「切る」という判断
をしていた。
だが、ボクの周りの全員が止めてきた。
口々に、「もう少し様子を見てやって欲しい」と。
結果として半年先延ばしにしてから、最終的に切った。
そして、その同じ月にマルサが入った。
ボクの判断のタイミングで離れていれば巻き込まれずに済んでいた。

その時に感じたのは、
周りが「様子を見ろ」だとか、
「このタイミングではダメ」だとか、
いろんなことを言っていたが、

やはり判断をするならば
スピーディーな行動を伴わないと、
損失がものすごく大きくなるということ。

お金の損失ならまだいい。それも小さくはないが、また稼げばいい。
だが、ボクの信頼や信用をそいつに壊されたのが、なによりの損失だ。

彼らのところに入ったマルサが、世の中では、結果としてボクのところに
入ったことになっている。
なぜか？

「GACKT 脱税！」の方が、
記事が売れるからだ。

新聞にも
「GACKT」と大きく見出しにあり、
小さく「の事務所の社長」
そしてまた大きく「脱税！」と書いてあった。

当たり前だが、
新聞の見出しはもう、
「GACKT 脱税」にしか見えない。

みんなやりたい放題だ。
世の中では、みんな「モラル」「コンプライアンス」云々かんぬん言うが、
そんなものは無い。

出版社が「表現の自由」と言っているが、
そこにモラルは無い。売れればいいだけ。

そのくせ、他人の揚げ足取りはかかさない。
例えばビジネスで、
「あのやり方はダメ」だとか、「金儲けに走っている」だとか。
それらを見て、ボクは「すげえな、よく自分のことを棚に上げて、
そんなことを言えるな」と。

別に、赤の他人がどう思おうと構わない。
だが、報道の影響で、進んでいたプロジェクトが止まると、
うちの社員に迷惑がかかる。
ボク自身がどう思われたからといって、ボクの人生や生き方が変わる
わけじゃないからいいが、仕事として関わってる人たちにすれば、
「マジか」となる。
その部分があるから、誤解を生むような報道はやめてほしいし、
実際、大きな損失となっている。
もちろん、ボクがやったわけじゃないことを好き勝手言われてっていう悔
しさも苦しみもあるわけだから、一番腹立たしいのはボクだ。

だが、事務所の人間に、
「ボクが一番怒ってんだよ！」と言ったら
何かが変わるか？

いや、変わらない。

やるせないか、やるせなくないかって言ったら、それはやるせない。
しんどいし、勘弁してくれよ、とは思う。

人は、生まれてきて、
様々な壁が目の前に立ちはだかる。
だがそれは、乗り越えられない壁ではない。
乗り越えるために、そいつを強くするために、
その壁があるという見方をすれば、
その壁がどんな壁だろうと、乗り越えられる。

そして、「前世」「今世」「来世」みたいなのがあるとしたら、
前世でできなかったことに対して、今世で、それを償うためにいろんな試
練みたいなものが今の、このボクに課されてるんじゃないのか？ と考える
こともある。

となると、
ボクは前世で人を殺したのかもしれない。

ただ、もちろん、そんなふうに全てが割り切れるわけじゃない。
そして、壁も試練も、何回も何回もある。
揉め事がめちゃくちゃある。
落ち込みそうな時も死ぬほどある。
だが、その時にいちいち落ち込んでいたら、生きていけない。
だから、笑うしかない。

最初はボクもショックで落ち込んでいた。
次にまた壁が現れる時に、「おいおいおい、またかよ」と思う。
だが、以前に自分が落ち込んでいた期間がわかる。
その期間が、今また無駄になるのはもったいない。
人生にそんな時間はない。
だったらできることをやること。
悲しんでいても、苦しんでいても、
物事は何も好転しない。
だったら笑っていた方がいい。

では、笑い話にするにはどうしたらいいのか？

笑い話にするには、もっと頑張って、もっと結果を出して、
振り返った時に「あんなことあったな」と笑えるぐらいの自分になろう。
そう思えたから、今、笑えている。

そして、挫折したっていい。
人間ダモノ。

挫折したからダメなのではなく、挫折して、そのまま立ち止まり、
うずくまって動けなくなることがダメ、ということ。

ボクだって挫折することはある。
挫折して一回膝をついて。
最初は、「あーっ！」とはなる。

だが、すぐに立ち上がり、
「よし行けるところまで走ろう！」となる。
とにかく、「止まる」ということはしない。

そのうち、挫折して膝をつきそうになっても、
「おっとっと」という感じで持ち直せるようになる。
膝をつくのはまだ早い、と。

そして、そのうち挫折しても、膝が折れなくなる。
いやいやいや、こんなもんじゃ効かねえぞ、と。

それを越えてきたら、何か大きなことがあって、本来だったら挫折しそうな時でも、「なんだその程度なんだ」と笑えるようになる。

「今までの人生のいろんなことに比べたら大したことない」と。
ボクはよく「振り返れば笑い話」と言うが、

苦しいことや挫折した後に、
それらを笑い話にするために、
どう行動するかが重要だ。

事務所の数だけ
横領があった

挫折、壁と書いたが、会社の人間から横領されたことが何回あったのか？

金額は違うが、それぞれの事務所を作る度に、何度もある。
その度にボクは思う。「なにやってんだよオマエ」と。
もちろんソイツのことをものすごく信用している中で事件は起きる。
信用していなければ金を預けたりはしないからだ。
その、すごく信用してる会社のヤツが、

この程度の金でなにやってんだよ、

ということ。

これは芸能事務所だけではなく、
ボクが持っているいろんな会社で、似たようなことが起きる。

人間はみんな、金が入ると変わってしまう。
特に、金を持っている人のところに金が入るのと、
持ってない人のところに金がドーンと入るのとでは、
全然意味が違う。

徐々に積み重ね、ステップアップをしていき、
自分がこれだけやってるからこれだけもらえるという確証があって
お金を貰えている人は、まず壊れない。

だが、自分がやったことに対して予想以上の金額が入ってくるような、
ジャンプアップした人たちは、みんな壊れてしまう。

会社経営者もそう。
苦労して苦労して売り上げが上がっていき、ちょっとずつ積み上げてきた
人たちは、そうそうおかしくならない。
逆に、始めたばかりの事業がいきなりドーンとうまくいって、
予想以上に利益が上がった人たちは、

お金の使い方も感覚もおかしくなる。

金の使い方も人それぞれの自由だから、それがダメだとは言わないが、

自分のことを本当に
神だと思っているような人もいる。

まあ、そこまで自分に陶酔できることはすごいことだとは思うが、
見失っているものも多い。
みんながみんなと言われたら、そうではないのかもしれないが。

お金がらみの問題はそれぞれの時代に毎回ある。
それで1回事務所を清算したり、コレはダメだ、やめよう、
となったりしてきた。このままじゃみんなおかしくなる、やめよう、と。

だが、そういう時に、そういう連中が必ず言うことがある。

「一緒に働いている連中は
どうなるんですか？」と。
違うだろ、その原因を作ってるのはオマエだ。

そもそもオマエがその言葉出すのは、おかしくないか？
何回も警告して、結局ここまでやってしまったのは、オマエだろう、と。
自分を見失っているオマエが、まずは自分を取り戻してから言ったらどうだ？
ということ。だから定期的にリセットする。

このように、お金の面で「しんどいな」と思うことは過去にたくさんあった。
肉体的な面で怖い、「死ぬかも」と思ったことだって何回もある。
健康面で今回みたいに、「終わったかな」って思ったことも何回もある。

みんながボクのことをどう思ってるのかは知らないが、
もし「GACKT は順風満帆に生きている」と思っているんだったら、

それはちょっと違うぜ、と。

まあ「ボクも苦労してるんだよ」とは言わない。
あえて見せはしない。カッコ悪いから。
だが、「順風満帆に最初から最後まで行くヤツなんているのかな？」
ぐらいは、思っていいだろう？

そしてオマエも、なんで俺だけ、とか、なんで私だけ、と思う必要は無い。

それぞれみんなに対し、必ず、努力によって、
踏ん張りによって、気合いによって、
越えられる壁が与えられる。

それを越えることによって、前世なのかはわからないが、
できなかったことを身につけようとしてると考えていい。
もちろん、あまりそこに深い意味を求めたくはないが。

少なくともボクは、
今の自分が笑っているためには、と考えると、
うつむいている暇も落ち込んでる暇も無い。

以前、

雪山を買ってスキー場を作った時、

そのランニングコストがやばかったことがある。

だがそれ以上に、その時、会社の蓋を開けたら全くお金が無く、
任せていたお金もすっかり無くなっており、さらに借金まであった。
ボクはお金を同時にいろんな投資にも回していたが、
結局ランニングコストにその利益のほとんどを使っていた。

もちろん、全部の事業をやめれば戻ってくるものはたくさんあっただろう
が、せっかく組み上げたものが台無しになる。
そんなふうに、

どこにもお金が無い時期があった。

では GACKT はどう乗り越えたのか？

結果、無いものはないから、
どうやって稼ぐか、しかない。

融資も含めて現実的に考えて乗り切った。

その経験は今も生きている。

S の証言
testimony

「GACKT 脱税疑惑」S 氏の証言

GACKT は長らく所属していた芸能プロダクション GD 社とギャラの未払い
で揉めていた。その金額は 3 億近くに膨れあがっていた。

つまり、アーティスト GACKT にその
プロダクションがギャラを払えずに
滞納していたわけです。

元々はソロデビューから GACKT に仕えたマネージャーが、それ以前のプ
ロダクション事務所から独立して立ち上げたのが GD 社です。しかし、GD
社はアーティスト GACKT へ多額の未払いがあった。GACKT は別途自分の
個人事務所を姉にやらせており、その事務所が GD 社と揉めていた。そこ
で食肉事業などを手掛けていた実業家の M 氏に姉に代わり事務所の代表に
なってもらい、GACKT の後見人として GD 社との交渉や未払いの回収を
やってもらっていた。

私は M 氏とは旧知の関係であったから M 氏からの依頼もあり GACKT の
個人事務所の顧問となり様々な問題解決に協力していた。GACKT とは
何時間も話し合い顧問として GD 社と交渉した。その結果として 2012 年
5 月に GACKT はこの芸能プロダクション GD 社との契約を解除してフリー
となった。

契約解除してフリーとなった 3 ヶ月後の 2012 年 8 月 28 日に

芸能プロダクション GD 社に
東京国税局査察部が強制調査に入った。
いわゆるマルサです。

その日の朝8時ちょうどに大量のマルサの捜査員が関係先に押しかけた
わけです。
ちょうど舞台・義経秘伝の公演中でね。その2日前に大阪公演を終えて
帰京してすぐの月曜日の早朝だった。

マルサが入ったのは、東京・神宮前にあったGD社とGD社が経営する
D社、GD社の社長自宅、役員の自宅、さらにGACKTの姉が経営していた
個人事務所など。なぜ、姉が経営する個人事務所にまで国税が入ったかと
いうと、いわゆる反面調査と呼ばれる取引先・関係先調査のためだね。

あくまでもGD社が脱税疑惑の対象だった。

それを週刊誌が
【GACKTの事務所にマルサが入った！！】
と報じた。

しかしながら、正確に言えば契約終了していたわけだから【GACKTが
以前に所属していた元事務所】に過ぎない。週刊誌はその情報を持って
おらず【GACKTが脱税！】と大きく報道した。正しく報道するならば
【GACKTが過去に所属していた芸能プロダクションに脱税疑惑！】
とならなきゃおかしい。実際にはGACKTは前述のM氏が銀座に新たに
立ち上げた芸能プロダクションに移籍して義経秘伝という舞台に出演して
いた最中のことだからね。

Sの証言
testimony

それが真相。まぁ、国税局も実際には GACKT が GD 社を離脱していた
ことを把握していなかったというのが事実。国税の捜査というのは5年
くらいまでの不正疑惑を調査しているわけだから。

つまりマルサが強制調査に入ったのは GACKT が以前に所属していた GD
社とそこが運営していたファンクラブ会社であり、その裏取り調査として
GACKT の姉が経営していた個人事務所にも捜査が入った。その同じ建物
内に当時の GACKT の自宅もあっただけで、正確に言えば GACKT の自宅
に入ったわけでは無い。

GACKT 自身がマルサに
事情聴取や取り調べを受けたわけではない。

そこから半年間に及ぶ国税局の調査の結果として、脱税が発覚して起訴
されたのは GACKT が所属していた元プロダクション GD 社と同社が運営
していたファンクラブ会社だった。その社長や役員は逮捕されテレビでも
報道された。

GACKT 自身ならびに姉が経営する
個人事務所に脱税の事実は存在しなかった。

これが GACKT 脱税疑惑の真相です。

あの事件では様々な人が巻き込まれて騒動になった。それだけの話。
GD社も、かつてはマネージャーだった社長が踏ん張って立ち上げて
GACKT黄金期を築いたわけだが経営に無理があった。業界などで地位を
築くために無理をしていたんでしょう。社員も60人以上いて無駄も
多かった。だからGACKTに対して払うべきギャラが払えていなかった。

それでもGACKTは我慢していた という話です。そこには共に戦ってきた かつてのマネージャーに対する思いや配慮も あったんではないでしょうか。

【GACKTが脱税】の事実はなかった。

ただ週刊誌やマスコミとしてはそのように報道した方がセンセーショナル
だし、芸能プロダクションが脱税していたとしても、そこに所属している
タレントやアーティストの名前が大きく報道されることは致し方ないこと
かもしれない。

GACKT

ガクトコイン

仮想通貨で

大規模
詐欺

売抜けで の疑い
丸儲け!?

2018年、現在ほど仮想通貨の認知がない中、上場前に220億とも言われる出資を集めた仮想通貨の一種、「スピンドル」。
GACKTが表立ってマーケティング活動に携わっており、

「GACKTコイン」とも呼ばれていたが、
上場後に大暴落し、話題を呼んだ。

この仮想通貨プロジェクトへの関与を巡って、コアメンバーに
資金決済法違反（無登録営業）の疑いがあることがわかった。
さらに、『週刊文春』が入手した音声データによると、
「2017年に行われたスピンドルの"商談会"で、GACKTは十数人の出資者
候補を前に、『1000万が2億に』と宣伝し、『一部のメンバーしか扱えない
案件』『ちょっと今までとは考えられない儲け方』と壇上で"いかに美味
しい話か"を切々と語っていた」
と言われている。
一部では、GACKTは広告塔としての報酬はもちろん、

上場直後に売り抜けたおかげで、
約17億円もの利益を得たとも噂されている。

もちろん、出資者たちのほとんどは大損したという。

スピンドル事件の真実

2018 年、仮想通貨スピンドル事件。
あれはボクが広告塔だったとか、「GACKT コイン」とか言われているが、
ボクは表に出て、仮想通貨そのものを事業として広めるということで参加
しただけのことだった。

ボクが担当した部分というのは、世界中にいろんな要人、関係者がいて、
その人たち同士のパイプをどんどん繋げていくという、コネクターという
役割だった。
それがボクのメインの仕事だったが、

名前が一人歩きして、
いつの間にかボクが広告塔のように
扱われていた。

それで、ちょうどあの当時、仮想通貨のバブルが弾けた。
それこそ、ビットコインが 220 万円から 30 万円まで落ちた時。
その一番最悪なタイミングに被ってしまったということが、大きな理由
だった。

上場はしたが、もうマーケットに人が入らない、
一切流動性がない状態になってしまった。

よく「GACKT は売り抜いた」と言われるが、

いまだに全部持っている。
売り抜いてないし、売り抜けるような
マーケットの動きもなかった。

そもそもボクらのような、いわゆるファウンダーと言われる人たち、
それを創設した人たちというのは、ロックアップと言って、
1年間鍵がかかるようになっている。
上場した時の株に似ているが、触ることができない。
だから今は塩漬けで、ほったらかしてある。

ちなみにプロジェクトを継続していくにあたって、新しいメンバーで
もう一回、一から立て直すということを今でもやっている。
ボクは2期目に入るタイミングで、その会社から契約更新なしと通達され、
そのプロジェクトから離された。
もちろん、一投資家として、ボクも投資しているから、
「じゃあ、これからも応援していくよ」というところで終わっている。
もちろん、今も応援はしているし、何か相談があったら乗る。
だが、よく世間に言われたのは、

ボクが仕組んでボクが金を集めて、
全部売り抜いた、ということ。
もう、詐欺師扱い。

もちろん、仮想通貨を知っている人から見れば、単にマーケット自体が
落ちただけだ、ということはわかる。
だが、本当にタイミングが悪かった。
結果、詐欺だ何だと言われることになった。
他のコインで、「誰かが詐欺をした！」と騒ぐか？ という話。
それは騒がない。

例えば少し前に、仮想通貨のルナが、１日で１万分の１まで価値が
下がってしまった。
大きな事件ではあるが、下がったこと自体は、詐欺ではない。
だから、スピンドルも、起こり得ることが起きてしまったというだけのこと。

無数のコインがある中で、ボクらも失敗するつもりで選んでやっていない。
もちろん、ボクも儲かると見込んで投資をしている。
だが、本当にタイミングがうまく合わなかった。

一緒になって買った人は、攻めるところを探したいだけのこと。
自分の感情の行き先を見つけて、そこに文句を言うしかない。

では実際にコインを買った人たちの財布から、ボクがお金を移してコイン
にしたかというと、そうではない。
最終的には個々が自己の判断で買っている。
それが大損となったので、

「GACKT が言ったから」
「GACKT に騙された」

となっているだけのこと。

例えば信託で、大手銀行が「こういう商品やりますよ」と出したけれど、
マーケットが悪くなり、落ちたパーセンテージの損失が出たとする。
それでも「オマエが言ったから！」とは、ならない。

もちろん、気持ち的には、攻撃の対象を見つけないと、やりきれないとい
うものがあるだろうから、中にはそう言う人もいるだろう。

そして、ボクは目立つから攻撃されやすい。
だから「GACKT に騙された」と言われるだけのこと。
ボクも言いたい。それを言っていいんだったら、

ボクも損をした。
だけど騙されたわけではない。

本当に信じられないくらいのマーケットの落ち込みだった。
今でこそ、あの時から比べたら上がったは上がったが、あの時の落ち方は
本当にやばかった。

お金の損失はいいとしても、
「GACKT が詐欺」というあらぬ情報の影響により、レピュテーション、
評価には影響したし、それで飛んだ仕事もあった。

もうここまでくると、
誹謗中傷がそろそろコンプリートになる。
あとは殺人くらいだ。

Sの証言
testimony

GACKT コインへの関与

あれはブラックスター社とかいう会社がやっていたものでしょ？
私は全く知らなかった。当時は GACKT はすでに M 氏の立ち上げた
プロダクションから第一興商の関連会社が運営するプロダクションに移籍
していたからね。
スピンドルというか仮想通貨自体に私は興味が無いし、ブラックスター社
が当時どこにあったのかさえ、その関係者さえ、知らなかった。GACKT が
どんな役割を担っていたのかも正直なところ顧問の私も知らない。当時は
あくまでも GACKT がプライベートにやっていた投資のひとつと理解して
いた。

GACKT はスピンドルを強く推していたし自身も相当買っていたと思う。
GACKT はかなりの大口顧客だったんじゃないかな。私もそれを知り、数
千万円買った。彼が熱心に信じてるものを応援する意味ももちろんあった
が、やはり、何倍、何十倍になる可能性は当時の仮想通貨にはありました
からね。
スピンドルに限らず、ビットコインをはじめとする仮想通貨全般を会社経
営者や資産家から医者や自営業者、サラリーマン、OL、フリーランスから
芸能人やホステスやキャバ嬢、政治家、僧侶から主婦まで、みんなそんな
夢や野心を抱いて買った人は多いでしょう。
書店に行けば仮想通貨の書籍ばかり。それを書いた金融専門家も出版社も
書店も大儲けしただろうし、誰でも知る有名タレントたちが広告塔となり
TV コマーシャルをやっていたし、六本木や渋谷の繁華街の目立つビルに
デカい広告が掲げられていたのを見た人も多いはずだ。ある意味でその後
のコロナ禍並みに世界中でフィーバーした。
その後、仮想通貨というものが全般的に急落することになる。
いわゆる仮想通貨バブルです。

そしてパンパンに膨れたものが破裂した。国というか社会自体が【仮想通貨】という言葉さえ消したい…無かったことにしたい…そんなトラウマなのか【暗号資産】と呼び名を変えた。破綻した銀行を名前を変えて復活させるのと同じようにね。(笑)

皆で損をした。

一部稼いだ奴もいるって？ あぁ【億り人】とか名付けてね。アイコンにさえなりましたね。あれで本やコンテンツを作り儲けた奴、儲けた会社や出版社もたくさん存在する。仮想通貨で勝ち組になった【億り人】。それは宝くじで当てた人と同じ。そういう仕組みで儲けた連中も存在するんでしょう。

GACKT の責任

GACKT のせい？ GACKT の責任？？

例えば年末ジャンボ宝くじで勝負すると宣言して何億円も宝くじを買ったGACKT。あの GACKT が買うならとその後ろに並んだ人々。私も後ろの方

に並んだ一人です。

数千万円を買ったがあたらなかった…。

GACKT の顧問なのに、GACKT コインで数千万円を損した。GACKT が並んでなければ買わなかったのに。それはまさに GACKT のせいだ。(笑)

ちなみに、スピンドルをやっていたブラックスター社は日本からイギリスに移転したと聞いた。

GACKT がブラックスター社の役員か？ そんな話は、私は聞いたことが無い。彼がイギリスに行くことも無い。強く信じて惚れ込んで、その金融商品を推した投資家。それが GACKT だったんじゃないかな。

GACKT の儲け

GACKT がスピンドルで一人勝ちをした疑惑？ それが事実なら私の数千万円は戻っているだろう。GACKT が何百億も儲けたのならば、もう芸能の仕事は辞めているんではないかな。

私もランボルギーニぐらいは買ってもらえてるんじゃないかな。

だが、もしも、彼が一人勝ちしていたというならば本物の悪魔です。

ん？ そんな私も騙されているのか？ (笑)

政界との癒着問題

政治家・元大臣を巻き込んだ話？

ああ、朝日新聞がすっぱ抜いたスピンドルにまつわる金融庁圧力事件ですね。ブラックスター社がその政治家に、認可が下りるように計らって欲しいと陳情したという話だね。金融庁の担当部署職員が政治家事務所に呼ばれたとか呼ばれないとか…それで、認可が下りたという話なのかな？下りてないよね。下りてないのが事実。

彼のマネージャーに GACKT のパスポートをチェックさせたが、その頃に日本に入国した記録は無かった。カルロス・ゴーンのようにスーツケースにでも隠れて密入国したというのなら別だがね。

だいたい、GACKT は土下座なんかしない。土下座するようなタマなら事務所や顧問は苦労してないし、マスコミにこんなに悪者扱いされていない。

GACKT が土下座するとしたら
TV の格付けで全敗する時くらいでしょう。
私はそれを楽しみにしている。

GACKT

プロデュース

ブランド

盗作 デザイン

謝罪せず

2020年、GACKTとROLANDによる"女性を一流にするため"の
ブランド「G&R」が設立され、話題を呼んだ。
「G&R」のディレクターの一人として、元キャバ嬢の門りょうを迎え、
ドレスとランジェリーをプロデュースしたが、

商品の一部が海外ブランドのデザインと
酷似しているとSNS上で炎上。

「G&R」が運営するデイジー（DAZZY）は、商品の模倣疑惑を認め、商品
の販売を中止した。
それを受け、ROLANDがデイジーとの契約を解除したことを発表した。

関係者は謝罪に追われ、商品回収や返金問題で大騒ぎとなった。

DAZZY 社事件の真相

これはボク自身にとっても、結構ショックな事件だった。
購入者、ファンのみんなには申し訳ないことをしてしまった。

ただ、事件のあと、ネットで結構な数に言われた。
「なんでオマエ謝らねえんだよ」と。
ボクは思う。

「いやいやいや、
アナタは服、買ってないでしょ」と。

ボクは、大多数の関係が無い人間に謝るつもりはない。

今回、せっかく応援しようと思ってくれた人たち、
商品を買ってくれた人たちに対しては、

全員に手書きの謝罪文を送った。

「申し訳ない」と。
ボクはその人たちに対して、
ホントに申し訳ないという気持ちがあるからだ。
だから、それは購入者全員に送った。

だが、「世の中に対して謝れ」と言われると、ちょっと待ってくれ、と。
アナタになんか関係しましたか？ という話。
購入者には謝罪はしている。
では、「謝っていない」と主張するオマエは、

服を買ってもいない、
なんの損失も出ていない無関係な外野だ。

中にはボクを擁護し、
「GACKT がデザインしたわけじゃないのに」と言ってくれる方もいる。

だが、プロジェクトで名前が
前に立っているのだから
ボクが矢面に立つのは当然のこと。

もちろん、リスクを負う覚悟で仕事は受けている。

ただ、シーズンごとに無数のデザインが出るアパレル業界の中で、デザインの流用に気づけるのか？ と言えば、それはプロでもすごく難しい。
大手のアパレル企業でも数百、数千の訴訟を抱えている問題だ。
もちろん、わからなかったから OK とは言わない。
それが起こらないようにする仕組みを作ることも必要なこと。

ボクはとにかく、せっかく応援してくれようとした人たちがいたのに応えられなかったことに対して「本当に申し訳ない」「残念」という、その気持ちが一番にある。
誰がいいとか悪いとか、そういうことは、別に今更言っても仕方ないこと。
ただ、ボクも DAZZY に関わって、そして DAZZY がやらかしてしまって、そこでボクが

「じゃあ、DAZZY ともう縁を切るよ」
というのはボクの生き方とは違う。

ちなみに ROLAND はもう抜けているが、
それはそれでアイツの立場や関係値もある。
ボクがどうこう言うことではない。

もちろん、アイツからボクには、事前に連絡が来ている。
自分離れます、と。
そして彼の謝罪動画があった。
ボクはボクで今も、DAZZYがしっかり売り上げが立てられるように
建て直しを手伝っている。
もともとDAZZYの社長とも仲が良かったのもあった。潰れて欲しくもない。

こういうことを並べると、全然順風満帆ではない。いろんなことがある。
だが、いろんなことがあっても、

人生って、トータルで考えたら
面白いぜ、ということ。

つつがないけど、つまらない人生送るのと、
しんどいけど、めちゃくちゃ楽しい人生、
どっちがいい？ と。

ボクは後者の人生を選んでいるだけのこと。
だから、他人から見たら、まあムカつくとこもあるだろう。
そんなことがあったのに少しは傷つけよ、とかね。
そういう人もいる。

よかったな。満足か？

GACKT の名前は傷ついているぞ。

ただ GACKT は、

そのぐらいの傷では揺らがないだけだ。

Sの証言
testimony

「G&R ブランド事件」S 氏の証言

こんなブランドが生まれるって話は顧問の私は知らなかった。
ブランド立ち上げの発表記者会見の前夜に知ったくらいでね。
GACKT 個人のビジネスとしてアパレル会社である DAZZY 社や関係者が
直接やりとりしていたんだろう。ちなみにこのブランドに関しては GACKT
自身も事務所も一円の金ももらってはいない。

結果として G&R ブランド商品のデザインがパクリだと判明して、DAZZY
社の社長などが謝罪。DAZZY 社のデザイナーだかスタッフが行ったことと
いう事件だが本当に意図があってのデザインのパクリだったのかどうか…
いくつかの論点がある。

■デザインがパクリ？

当然に、誰もが、GACKT や ROLAND 君がデザインしたんじゃないのか？
2 人がプロデューサーだろ？ と思ったんだろうな。
だが、そもそも有名人のプロデュース商品というのは、その有名人が商品
の企画や開発、デザインにどこまで関わっているかはケースバイケース
だろう。GACKT はデザイナーでは無いわけですから。監修という意味で
のプロデューサーなわけでしょう。そうでなければ GACKT デザインとか
GACKT によるデザインと表現するはずだ。ただ、監修だけとなると、
メーカーから見せられたデザインや商品サンプルに意見を出したり、
ポケットを増やせとか色を変えてくれなどはあるだろうが、そのデザイン
がどこかの商品のパクリだとは思いもしないだろう。

それが有名なブランドならまだしも、中国のブランドでネットだけで
売られているような物ならば、それを GACKT が見抜くのは不可能に近い
んじゃないだろうか。それはアパレルメーカーとしての問題であるわけで
GACKT や ROLAND 君らだけが一方的に責められるのは酷だろう。

■謝罪

ROLAND 君は YouTube で「反省しています。申し訳ありませんでした」と、
ひたすら誠実に謝罪した。謝罪の形は様々だろう。今の日本人の社会風潮
として、偉そうな奴、強そうな奴、圧がありそうな奴をネットで晒して
ごめんなさいさせるまで叩いてストレス解消するという傾向がある。

Sの証言
testimony

で、GACKTは「まずはボクが発信する。ROLANDまで巻き込んだボクが悪い。
だが、ただ謝るのでは無く、DAZZY社にも謝罪させる。ボクはブランドの
プロデューサーである限りは責任は果たす。必ずブランドを仕上げるので
ボクにもDAZZY社にもチャンスをください」
という発言だったように記憶している。
だが、叩かれた。ものすごく、叩かれた。謝り方が可愛く無いと。

マスメディアもGACKTだけを叩いた。

私はGACKTに言った。

「強そうだからいじめられるんじゃないか」と。

ただ、それだけでは無く、

常に勝ち続けてる奴への反発もあるだろう。
他の仮想通貨をはじめ、
週刊誌が GACKT に貼りまくってきた
【スキャンダルや疑惑のステッカー】による
固定観念もあるだろう。
GACKT は悪党だというイメージ。

皆がそう思うなら悪党かもしれない。
きっと悪党なんだろう。

金持ちに見える奴は金持ち、
デブに見える奴はデブで、
ハゲに見える奴はハゲだと言うなら、
ワルに見える奴はワルなんだろう。

だが、事の本質や問題はどこだったのかを、
再度冷静に考えてみる事件かと思う。

愛犬家激怒

里親騒動

ペットは

家族

大炎上 じゃないのか？
愛犬家失格

2021 年、GACKT の YouTube チャンネルにて、『GACKT が愛犬を里子に出しました。』というタイトルの動画がアップされた。

それは、GACKT 自身が 5 ヶ月間ほど飼っていた愛犬フェンディちゃんを、ペットロスに悩む、ポーカーの師匠である友人の奥さんに、サプライズで譲るというものだった。

奥さんは GACKT の行動に涙を流し、GACKT 自身はフェンディちゃんに別れを告げて去るという内容だった。

この動画の公開直後から

「犬はモノじゃない」「ペットは家族」
「理解できない」などの批判が噴出した。

SNS でも

「これを美談と思っているのは恐怖」

といった言及をはじめ、多くの批判の声があがり、

GACKT の YouTube チャンネルのコメント欄
が閉鎖されるほどの大炎上となった。

里親事件の真相

ボクにはポーカーの師匠がいる。恩師と言える存在だ。

その人から相談を受けた。
奥さんが、長いこと飼っていた犬をロスしてしまい、ペットロスになって
しまって、もう精神的に立ち直れなくなっている。
死を受け入れられなくて、新しい犬も飼えない、という話だった。
そして「どうしたらいい？」と相談を受けた。

ボクからの提案は、
「最近飼い始めた犬がいるんだけれども、『GACKTが引き取って欲しい』と
いうお願いだったら、奥さんも聞き入れるんじゃないですか」と。
それが、奥さんが立ち直るきっかけになればと考えた。

その犬はウチに来たばかりの犬だった。しつけを終わらせてから連れて
いく約束をし、約束の日に引き取ってもらった。
結果として奥さんはそれによって、ペットロスから立ち直ることができた。
要は、ボクが自分の飼い始めた犬を里親に出したということ。
結果として恩師の奥さんは元気になったし、
恩師からは、今はこんな感じなんですよ、と
しょっちゅう幸せそうな写真が送られてくる。

これが事実。

だが、この事実に対して、

「自分の子供を他人の子供にやるのか！」
「他人の親にやるのか！」と大炎上。
「ペットは家族だろう！
ペットは家族と同じだろ！」と。

一言だけ言わせてもらいたい。
ペットとは、確かに家族のような存在ではあるけれども、
家族ではないだろう？
「そんなことはない！ ペットは家族だ！」と言う人がいるならば聞きたい。

であれば、
アナタの家族はペットですか？ と。

「ペット」と「家族」が同義だったら、家族はペットですか、と。
ＡイコールＢならＢイコールＡだ。
そしたら、

「そんな屁理屈言って！」と言われたが。

屁理屈ではなく、ペットが家族のように大切なのはボクも同じこと。
だが、里親の制度は、人間の世界にだってある。
いろんな事情があって母親か父親が２人いることもある。
子供が、新しい親と元の親との間で生活することだってある。
でも、それをペットだからという理由で「おかしい！」って言うのを
やめませんか？ ということ。

ボクにとっては、少なくとも、
ボクの恩師が幸せでいてくれることと、奥さんが元気になったということ
がなにより嬉しい、それだけ。

その後もいろんな動物愛護の方たちがいろいろ言ってきた。
なかには、「なんで保護犬を引き取りに行ってそれを渡さないんだ！」
という意見もあった。

それこそおかしな話、というものだ。

「保護犬ならいい」とはどういうことだ？
犬権は無いのか？ と。

それはアナタの都合だろ？ と。
アナタの考えで保護犬だったら OK で自分が飼った犬はダメだよって、
変な話じゃないですか、ということ。

この問題に関してはみんなそれぞれの考え方もあるし、
別にボクはソイツらの考え方を否定もしない。

だが、ボクを否定するな。

それを言うなら、ペットショップで売っているペットはどうなるんだ？
山で生まれた仔犬を売ってるわけじゃない。保護犬ですらない。
ブリーダーがある程度まで育てて、その子を売りに出している。
そこに金銭が発生していることには文句ないのか？
そこには問題は無いのか？ そこには大声出さないのか？
そしてボクが金銭を貰いましたか？ と言えば、貰っていないわけだ。
今でもボクはその子にとって、一人の親でもある。
その子にとっては親が 2 人いるわけで。
その気持ちは変わらない。

だから、「あげた」とよく言われるが、
引き取ってもらった、というだけのこと。

ただ、「家族をあげるなんて！」と言う人にとっては問題なんだろう。

先ほども書いたが、「ペットは家族だろう！」と言う人は、

むしろもう一回同じ大きい声で、
「家族はペットだ」と叫んでみろ。

ペットは家族のような存在ではある。
だけど、家族とペットには大きな違いがある。
同じ人生を歩んでいっているようで、途中から一人で人生を送るためにそ
れぞれサポートしあうのが家族。
自分が死ぬまで一生同じ道を歩いていくのがペット。
ペットは独り立ちしない。

だから、ペットは家族のような存在だということは理解できるが、
人間と同じだというのは違う。
学校にも行かせてない。アナタの手伝いもしない。
お小遣いもあげない。仕事もしない。

アナタの人生にずっと付き添っていく
大切なパートナーではある。
でも、人間とは違うだろ？

Sの証言
testimony

「里親事件」S氏の証言

犬の話？？
あぁ、GACKTが犬を友人に委ねたという話ですね。

犬や猫は昔はペットショップでは売ってなかった。鳥だな、売られてたの
は。そもそもが犬は飼うもんで買うもんじゃない。ヒトを買わないのと同
じ。私はそう思う。
あくまで私の時代の話ですよ。

昔は友達や知り合いの家の犬が仔犬を産んだからと譲りうけたもんだ。
あとは捨て犬を拾って来て育てるとかね。

いろんな事情から犬やペットを人に委ねることは、現実には多いだろう。
やるとかあげるじゃないよ、委ねるか託す、だろう。
どんな極悪な奴でも一緒に生活してきた犬を簡単にポンとはやれんもんで
しょう。

若い夫婦が仕事で海外転勤の辞令が下りて泣く泣く飼っていた犬を実家や
友人に委ねる、独り暮らしの人が長らく入院しなきゃならなくなり親族に
犬を託す、施設に入らなきゃならなくなった高齢者が号泣しながら犬を知
人に託す、など場面は無数にある。

その実情を詳しく聞くこともせずに、愛犬を知人に委ねたことを短い動画
だけを観てヒステリックに騒いで人を攻撃する。

どうしたんだ、日本人。
いつからそんなに余裕を無くしたんだ？

まずは話をしっかり聞いてみなよ。理解出来る心の幅も拡がるはずだ。

GACKTは犬を飼っていた。
海外と日本に家がある彼は双方の家で犬を飼っていた。だが海外での生
活の時間が多くなり、日本の仔犬はスタッフが日常的に面倒を見ていた。
GACKTは迷っていた。海外の家にはたくさん犬がいるが、日本にはその1
匹しかいない。自分もほぼ海外だ。日本で寂しい思いをさせ続けるより海
外に連れていこうと。
だが仔犬を飛行機の貨物部屋に独り乗せて長時間フライトさせるのにこの
仔は耐えられるのか？
轟音とどこに連れていかれるかという恐怖と不安の中での長時間。
犬には性格や個体差がある。この仔には無理かもとGACKTは思ったんだ
ろう。

そんな時に、親しい友人夫妻が愛犬を失い奥さんはペットロスの淵にいる
と聞いた。

Sの証言
testimony

GACKT は苦渋の決断をした。このまま寂しい思いをさせるなら深い愛情
を 24 時間注いでもらえるこの御夫婦に愛犬を託そうと。

GACKT は自分にじゃれる愛犬を抱いて、御夫婦の住む大阪に車を走らせた。

別れ。
その【決断】をしなければならん時もある。
人は出会った数だけ別れがある。

そういう話だろう。

GACKT を冷酷非道の人でなしで、ペットを飼う資格の無いサイテーの男
だと思うかどうかはアナタの勝手だ。

それを動画にあげたことが問題？
そうなのか？　観る奴の気持ち？
愛犬家の気持ちを逆撫でした？

そうか、それは申し訳ない。
そういう人たちもいたのなら、GACKT の顧問として私からも謝りたい。
GACKT も今は同じ気持ちじゃないのかな。

その人らから見たら GACKT は悪党なんだろう。
それはそういう人たちも世の中にはいるんだと配慮せずに動画にあげた
GACKT が悪い。

だけどね。
あの犬は今、幸せそうだよ。
もう寂しい眼はしていない。

GACKT
ファンの人妻と
熱い夜

体調不良を訴え、2021年9月8日に活動休止を発表したGACKT。
しかし同年、とある告発がリークされた。
実は、休止を発表する前後に、GACKTが、中部地方在住の既婚女性と不倫していた、という告発で、しかも、女性の夫・A氏からのリークであった。

会社経営者のA氏は週刊誌に語った。
「妻はもともとGACKTのファンでした。彼の誕生日にインスタグラムを通じてメッセージを送ったところ、本人から返事があってやりとりが始まったのです」

A氏の妻のB子さんは、GACKTが以前交際していた釈由美子似の美女だ。
B子さんとGACKTとの不貞にA氏が気づいたのは、2021年9月下旬のことだった。
「旅行している最中に、とある理由で彼女の携帯を覗いたのです。すると、そこには実姉に対し、GACKTの自宅に滞在している様子を【実況中継】しているLINEが残っていました。さらに妻が撮影したGACKTの自宅内の写真まであったのです」

コロナ禍不倫

後日、A 氏が B 子さんを問いただすと、2021 年 7 月には名古屋のホテルで
カラダの関係を持ち、さらに GACKT が活動休止を発表した同年 9 月にも、
東京の GACKT の自宅で GACKT と滞在したことを認めたという。

10 月 18 日、B 子さんは次のような文面を GACKT に送信したと A 氏は語る。
「今回のことが夫にバレて…」
だが、GACKT からの返信は無かった。
A 氏は悲痛なトーンで続けた。
「妻と性的関係を持った GACKT を許すことはできません。彼は、私たちが
どれだけ苦悩しているか理解すべきです。辛い思いをする人をこれ以上
増やさないためにも、法的手段をとることも辞さない覚悟です」

皆がステイホームして自粛ムードのコロナ禍でさえ、GACKT の下半身
事情はお盛んのようだ。

不倫の真相

「コロナ禍で不倫！」と書かれたが、
そもそも、かなり前の話で、
コロナ禍でのことですらない。

コロナ禍の前に、インスタでメッセージを送ってきた名古屋の子がいた。
今度名古屋行った時に一緒に飲むか？ と返事をした。
そして実際、名古屋のバーで飲んだ。
そこでボクは彼女に初めて会い、話して、雰囲気が良くなった。

もちろんその時にボクは話している。
「彼氏とか作らないのか？」と。

「あ、そういうのいません」
「へ〜そうなんだあ」と。
そこからしばらく一緒に飲んで、
普通にエッチした。

そこから時は流れ、世の中はコロナ禍になり、
ボクが病に臥せ、療養期間に入っていた頃のこと。

ある日、唐突に、彼女がウチに見舞いに来た。
その時のボクは闘病中だったから、何もできない寝たきりの状態。
彼女も、ただ見舞いに来ただけだった。
そこでボクが死にかけているのをいいことに、写真を撮ったんだろう。
そしてその後、いきなりメッセージが来た。

「なにかが起こるかもしれません」と。

「なんだこれ？」と思っていたところ、
いきなり「GACKT 不倫！」と雑誌に出た。

ボクにしてみたら「はぁ？」と。
「旦那いるのか？ え、マジで？」と。

そうか。「彼氏はいない」と言っていたな。
確かに嘘はついてない…、と。
彼女の中では嘘じゃなかったんだろう。
「彼氏とか作らないのか？」
「あ、そういうのいません」
付き合ってる人はいなかったんだろう。
旦那はいたけれど。

ただ、バーで一緒に飲んでいて、
「独身であることを証明してください」って言うか？ 言えるのか？
もっと言えば、独身であることをその場で、バーで証明できるのか？
戸籍謄本持ち歩いてる人はいるのか？

もうアホすぎる。
でもまあ、仕方がない。
ボクがモテすぎるから仕方がないという話。

もちろん旦那さんからすれば、「おいおい！」という話なのはわかる。
ボクも逆だったら「おいおい！」と言う。
旦那さんがいることを知っていて口説いたら、それは実際不倫だし、
もしそれでもするなら意図的にそうしただろう。
ただ、それを知る術など、相手が言わない限り無い。

もうひとつ、その子を含めて、「ファンを口説いた」ことを、
否定的に言われることがよくある。

では聞こう。

ファンを口説いてはいけないと言われたら、
ボクはどこの世界で女を口説けばいいんだ？

逆に言えば、
ボクはボクを嫌ってるヤツしか口説けないということなのか？

「アンタのことなんか大嫌いなのよ！」
「最高です！」と。

みんな「ファンに手を出した！」と言うが、例えば、出会って「ファンです」
と言われたら、それで終わりなのか？
「テレビで応援してます！」と言われたらもう終わりなのか？
「知ってます、昔から」と言われたら、それで終わりなのか？

残るは、ボクのことを嫌いな相手だけ。
それは結構ハードルが高くないか？
まず、嫌いな人をわざわざ見つけてくるのが大変だ。
ネットで書き込みしているボクのアンチの人たちの中から選ばなければ
いけない。もちろん口説けばアンチの子とも仲良くなれるかもしれないが、
さすがにそこまで「誰でもいい」というわけじゃない。

昔は確かに性欲がすごく強かったが、

今では、もうこんなに歳を重ねて、昔のように
「めっちゃ性欲あるから誰でもOK」みたいな感じではない。

普通に会って、口説いて、「ああ、この子いいな」とか、「雰囲気いいな」とか、
「気が合うな」とか思うから、

自然の流れでエッチするだけのこと。

それは普通のことだろう。
バーで出会って、街で出会って、ネットで知り合って。
それは普通のことだろう？

さらに言わせてもらうと、ネットで出会ったことまで否定的に書かれたが、

今の世の中の 80% くらいは、
みんなネットで出会っている。

アメリカの調査で、全世界での出会いにおいて、
ネットから出会う確率が確か 80% ぐらい。
だから今、ネットを通して出会うっていうのは、むしろ普通のこと。

ただ、普段のボクにとっての出会いは、ほとんどリアル。
だから今の時代ではマイノリティー側だ。
もちろん、全くネットを使わないかと言えば、そんなことはない。
ネットで出会う人たちもたくさんいる。
それはもちろん女だけじゃない。男もいっぱいいる。

例えばマレーシアで出会う人たち。
インスタで DM が送られてきて、
「こんな仕事をやっているんです」
「じゃあ会いますか」
という感じで会うことが多々ある。
では、それを否定するのか？ という話。

それから、ボクが口説いた言葉というものが書かれていた。

「じゃあ、今からホテル行こうよ。
エッチしようよ」と。
これ、ボクが言うか？ 言う必要ないだろ。

ボクならばこう言うだろう。

「もう帰るか？ それとも一緒にいるか？」と。

そもそも、ボクが不倫ごときでニュースにされて、
それを知った関係者でもない人たちが腹を立てるのも変じゃないか？
まあそれは、それぞれの自由だが。

ただ、本音ではっきり言えることを二つ言うと、

ひとつ目は、
「芸能人の不倫がダメ」という話。
いわゆる公人と呼ばれる、

公に出ている人たちの不倫がダメで、
それ以外の、
世の中の一般の人たちの不倫は OK なのか？

ということ。

世の中の一般の人は誰も不倫してないのか？
そんなことはない。たくさんいるのに、棚に上げているだけのこと。

二つ目は、

「見ている人たちの人生にとって、
他人の不倫は関係あるのか？」ということ。

見ている人たちにとっては好物かもしれないが、
それは、責める相手が見つかったから責めたいだけのこと。
いわゆるテレビを通した、メディアを通した、

いじめだ。

アンジャッシュの渡部君が不倫して、「多目的不倫」と言われていた。
その後の記者会見。メディアの人たちが集まって寄ってたかって責め立てる。
あれは、ただのいじめだ。
メディアという媒体を通した、取材というものの体をした、いじめだ。

質問の内容も、ただの公開処刑。

それがメディアなのか、と思えばレベルが低すぎるし、

渡部君が謝るべきなのは奥さんであって、
世の中に対してではない。

だから、そこが間違っている。
なぜ関係の無い世の中に対して謝るのか。
「それをみんながやるからダメになるんじゃないのか」と。
「謝れ！」

「いやちょっと待て。
アナタ、不倫相手でしたっけ？」という話。

もしボクが謝罪しろと言われたら、旦那さんや、もし子供がいるならば子供など、そこに関わっている人たちには、謝罪する必要性があるかもしれない。ただ、ボクからしたら、「いやいや、ちょっと勘弁してよ、騙されてるのこっちなんだけど」だが。

ただ、もし謝罪を求められるのであれば、じゃあ会いに行きましょうか？とはなる。

ただし、それは関わった人たちの間での話であって、世の中は関係ない。

だから、不倫のことを世の中に謝るのは変だ。

なのに、世の中のほとんどの人たち、特に芸能界の人たちが、

「お騒がせしました」と謝罪する。
いやいや、違うだろう。
オマエは騒がせるのが仕事だろ？ と。

みんなが関係の無い人に謝らなければいけなくなる。

だから意味の無い謝罪は必要ない。

そして、謝ったから OK という話でもない。

今度は謝ること自体に意味が無くなってくる。

次は、「オマエの謝り方には誠意が無い」とか言い始めるだけだ。

世の中で、不倫がダメだという風潮があるんだとしたら、いっそのこと法律で、不倫したら懲役 3 年とかにすれば、もっと怒ってもいいだろうし、不倫する人も激減するだろう。

だが、現状では、

不倫は罪にならず、駐禁は罪になる。

もし法律で定められている罪の重さで考えるのであれば、なぜみんな駐禁の人たちを責めないのか？ 先にそっちを解決すべきだろう。
今の世の中、駐禁でいっぱい問題起きてるぜ、という話。

だが、みんなそこは気にしない。というか興味も無い。
つまり、みんなは解決したいから言ってるわけでも、
それが正しいか間違っているか、法律的に違反しているから言っているわけでもなくて、

ただ単純に、そういう下世話な話が大好物だから、ということ。

見ている側は、騒がれる側、責められる側に行くことはないから、
いじめの対象になるリスクを負わずに、そのいじめに参加できるって考える人が多いのが現実。

世の中、いじめを無くしましょうと言っているくせに、
無くすべき方向を間違ってないか？
みんな「弱い者いじめはよくない」と言うが、
ではテレビに出ている人たちは強いのか？
たとえ強いとしたら、

強い者いじめは OK なのか？ と。

「弱い者いじめはダメ」と言うが、
「いじめはダメ」とは言わない。
強い者はいじめていいと思っている。

「勘弁してくれよ。
こんなの強い者いじめじゃないか」

ってため息が出ることが何度もある。

たまに言われることだが、
「GACKTは強くていじめとかあったことないから、いじめられる気持ち、
わかんないでしょ」と。

だが、ボクは学生時代、上級生からいつも目を付けられていた。
中学2年の時、学校の敷地を歩いていたら、
3階から机が降ってきたことがある。

歩いていたらボクの横に、机がドーンと落ちてきた。
グッシャーッとひしゃげている机を見て、「何だこれ？」となって、パッと
見上げたら、3年が、「惜しい！」と笑っている。

ボクはブチギレて3階に駆け上がり、
廊下にある消火栓のホースを振り回して、
全員を殴ったことを覚えている。

今では笑い話だ。

だが、当時は、やはりすごく辛かった。

毎日のようにやられていた。

そして、その時は助けてくれる仲間さえ、一人もいなかった。

みんな上級生にビビってしまい、もう、一人でリベンジするしかなかった。

だが、そんなものは誰かが助けてくれるからやることではない。

一人でやって、初めて何か見えるもの。

そして、ボクは許せなかった、いや、諦められなかった。

だから、

最後までやり返し続けた。

それをボクは間違ってないと思っている。

だから、
いじめられた経験が
あるかないかと言われたら、ある。

ただし、誰であろうと忖度なく、
返り討ちにしただけの話。

弱い者いじめと強い者いじめ。

両方を経験しているボクだからいえることがある。

何にせよ、いじめは良くない。

Sの証言
testimony

「人妻不倫疑惑」S氏の証言

GACKTは牛肉を食べ分けることが出来る。
ワインも飲み分けられる。

だが、いくらGACKTでも
人妻か人妻じゃないかなんて
抱いただけではわからないだろう。

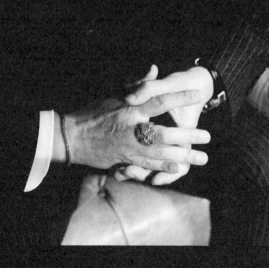

女が自分から言わなきゃわからない。
隠していたら見抜けない。
AかBかを当てるというわけではないんだから。

あと GACKT は独身。
隠してもいない。
恋愛をするのは自由でしょう。

この事件は GACKT の勝ちか負けか？
事件でも何でも無いだろ。

男と女の話に勝ち負けなんて無い。

金と暴力渦巻くGACKTと芸能界の闇

GACKT の周囲に飛び交う黒い噂の数々。

「GACKT には近づくな」

そんな注意喚起が、業界の中では常識となっているという。

とりわけ闇の世界との繋がりが色濃いと言われる芸能界の中で、
より深く、漆黒に輝く GACKT という存在。
GACKT 本人に、その金と暴力の記録を聞いた。

なぜ GACKT は他の
ミュージシャンより
金持ちなのか？

ボクは 1999 年にソロデビューし、その年の 6 月に 1 枚目のシングルを、
そして 8 月に 2 枚目のシングル『Vanilla』を出した。
契約の内容が他のアーティストとは全く違ったこともあり、ボクにはある
程度大きな金が入った。
なぜか？

ボクは、バンドからソロになったタイミングで、最低でも、

10 年はランニングができないと、
ビジネスとして意味が無いと考えていた。

そこでボクはクラウンというレコード会社を選んだ。
クラウンは当時、主に演歌を打ち出している会社だったから、
みんな不思議がっていた。「なぜクラウンに？」と。
だが、ボクには明確な理由があった。

日本では年間約 400 組のアーティストがデビューしているという。
だが、その中で 5 年後に残っているのは 1 組いるかどうかというレベルだ。
10 年残るアーティストは非常に少なく、ほとんどのアーティストが消える。
世の中の人たちは、その残ったアーティストを知っているだけということ。

だからボクも、10 年ランニングすると決めてからのスタートは、
プレッシャーがすごかった。

メンバーも食わせていかなければならないし、個人事務所だったから
スタッフも食べさせていかなければならない。
支払いは全部自分でやっていたから、当時のボクにとって本当に大切なの
は、契約内容だった。

音楽による収入、いわゆる印税とは、作詞作曲の印税と歌唱印税が別々に
発生する。
ボクは通常の大手レコード会社、いわゆるJポップやJロックを扱って
いるところが、

「これがマックスの印税のパーセンテージです」
とする数字の、5倍の金額で
クラウンと契約した。

さらに、当時の大手レコード会社は、カラオケがメインのビジネスだった
こともあり、「こういうことをやらないと売れ線にならない。だから曲を
こうしろ、ああしろ」と口出しすることが当たり前だった。

ボクはそれがいやだった。
だから「やりたいことをやる」という条件も入れさせた。

なぜ、それができたのか？
大手レコード会社の中で似たようなアーティストたちと一緒に所属する
よりも、クラウンのような、ロックのアーティストを抱えていない
レコード会社の中でやる方が融通がきくという判断だった。

もちろん、そこにはデメリットもあった。
レコード会社や事務所は、発売日と呼ばれるものをズラして設定する。
他の強いアーティストと発売日がぶつかれば、チャート上位には入り
づらくなる。そのチャートに載らなければ、販売数も思うように伸びない
もの。

だから、チャートに載るように、他のアーティストと発売日がぶつかり
合わないように調整している。
だが、クラウンはジャンルが違いすぎて、発売日をずらし合うような、
横の繋がりがなかった。
だから必ず大手に発売日をブツけられていた。その結果、1位が取れない。

実は、ボクがチャートで1位を取ったのは
過去に1回のみだ。

まあ、オリコンで、発売したタイミングでランキングが10位以内に入る
という連続記録においては、日本の男性ソロシンガーの中ではトップ。
それはいまだに破られていない。

ただ、それはレコード会社が誇ることであって、ボクにとっては正直、
どうでもいいこと。別にそこを目指しているわけでもない。
だから、大手に阻まれていたことも気にしていなかった。

当時から、「なんでGACKTってあんなに金持ってるの？」
「なんであんなにステージに金をかけれるの？」などとよく言われたが、
それはまず、レコード会社との契約内容が他のアーティストとは違った
から、ということだ。
ボクの印税や契約金の数字を言うと、
周りのアーティストたちはドン引きしていた。

今だから言えるが、
ボクは1回の契約金が数億円だった。

もちろんその契約金全部がボクに入るわけではないが、
それだけあればステージにもお金をかけられる。
だからこそ、ボクのステージでは他には類を見ない演出ができた。

GACKT 武装戦線
拉致・監禁・銃刀法違反

GACKT がミュージシャンとして成功し、金が入った瞬間から、事務所の
社長がおかしくなってしまった。
金の使い方もおかしく、みるみるうちに暴君になっていった。
一緒にはやっていけないと考えたボクは事務所を「割ろう」と決めた。
ボクについてくるヤツらを引き連れ、その事務所を出た。
だが、そこで大きく揉めることとなる。

よく聞く話だろう。

「芸能界って、
そういう系と繋がってるんじゃないか」と。

当時の芸能界はズブズブだった。
それは芸能界・音楽業界に限ったことではなく、どこもそう。
そういう時代だった。

拐う、拐われるなど日常茶飯事。

いや…拐うことはなかったか…？
そんな中で、うちのメンバーが拐われて監禁されたことすらあった。
当時はマジで大変だった。いつ襲われるかわからないような状況で、
ウチのスタッフもメンバーも常にピリピリしていた。
当時は全員で移動できるように、ダッジラムという 10 人乗りの大きい
移動車を使っていた。

今となっては笑える話だが、

いつ、どこで襲われてもいいように、
その大きい車の中に、特殊警棒とスタンガンを
死ぬほどたくさん積んでいた。

ある時、たまたまドライバーが一人で運転していて警察に停められ、車内を調べられ、武器の存在がバレてしまった。そして、ドライバーはそのまま所轄の署に連行された。その後ボクのもとに連絡が来て、責任者として警察署に事情を説明しに行くこととなった。
「ちょっと身の危険があって、護身用に持っています」と話した。
その結果、それが契機となり、警察が家の周りなどを警護してくれるようになった。ただ、やはり銃刀法に引っかかった物は没収されてしまった。
「これは車の中に置かないでください」と。
まあ、武器のうち、8割が没収された。
ボクはその時にメンバーに言った。

「なあ。やっぱ拳だろ」と。
「『俺は弱いからスタンガン置いてほしい』
じゃ戦えないぜ」と。

そこから、メンバー全員がトレーニングするようになった。
つまり、うちのメンバーが過酷なトレーニングをするようになったのは、武器を持ち歩く代わりということ。それは今でも続いている。

実は、当時揉めていた件に関しては、いまだに解決していない。
だから、正直、いつ何が起こってもおかしくない。
ただまあ、昔よりは安全かな。

スタッフたちが強くなったから。

暴露系 YouTuber
「GACKT には関わるな！」

最近ガーシーが、
「一番腹黒い芸能人は GACKT」
「GACKT とは関わらないようにしてます」
と YouTube で暴露した。

ボクからすれば
「今さら何を言ってるんだ？」という話。

「GACKT に関わるな」なんてことは、昔からよく言われていたこと。

なぜなら、ボクの周りはもうとにかくややこしかった。
ソロになってから、揉め事が絶えなかった。
ボク自身も当時は「やるなら刺し違えるけど」という考えでしかなかった
から、めちゃくちゃピリピリしていた。

ちなみに、今回ガーシーに言われたのは、
以前ボクが、とある先輩アーティストと揉めたことが原因だ。

彼にはちょっと悪い癖があった。
それは後輩のことをすぐに下に見るということ。
ボクと彼も最初はすごく仲が良かった。
だがある時、彼がボクに対して結構なやらかしをしでかしたことがあった。
当時のボクはピリピリしていたため、ブチギレてしまった。

ボクにも彼とはちょっと違う悪い癖がある。
自分よりも立場が弱い人間とは喧嘩しないが、筋違いなことがあれば、
相手が大物だったり、強者、先輩であれば、より一層滾ってしまう。

ボクは彼に電話し、

「オマエ出てこい」と言ってしまった。

ただ、相手はボクにとって先輩だ。
先輩に対する言い方じゃなかったなと、そこは悪かったと、
今では反省している。
だが、やはりボクにとって許せないことをされたから、
「ブッ飛ばすから出てこい」とも言ってしまった。
その時、電話で一応、詫びも入れられたが、ボクは収まらなかった。
「いいや許せねえ」と。「テメエ、マジでブッ飛ばすから出てこい」と。

すると彼に着拒されてしまった。
そこで学んだ。
「先輩をブッ飛ばすのはダメだ」と

そこからが大変だった。
同じ業界のいろんな後輩たちから電話がかかってきた。
バンド業界は、縦も横も繋がりがむちゃくちゃ多い。
もちろん、彼が知ってる後輩とボクの後輩も繋がっていて、
そこに付き合いもあった。

そんな後輩たちからいきなり電話があり、
「○○さんから、GACKT さんと付き合うなって言われたんですけど」
「何があったんですか？」と。
ただ、そこでボクが怒っている理由を、その後輩に言うのも違う、と思った。
彼と後輩の関係性もあるし、彼の立場が落ちることになる。

だからボクは、「いろいろあってな」と。

「ちょっとやっちゃったから、もし向こうがボクと付き合うなって言うんだったら、オマエたちにも迷惑がかかるから。もうボクと距離をあけろ。向こうと付き合え。向こうサイドでいてくれ」と。

そして、巻き込んでしまい、申し訳ない気持ちもあり、

「もうこの件に触れるな」と伝えた。

ただ、ものすごい数の関係者から連絡が来た。

だから、彼はものすごい数の人間に言ってまわっているんだな、と実感した。

おそらく、彼の中ではそのしこりがずっと残っていて、それをガーシーにも言ったんだろう。

もちろん、狭い世界なので、その一件の後に、彼との共演もあった。

そのオファーが来た時も、

「いやいやいや、ボクはいいけど、向こうはいやだと思うよ、それを一応伝えて」と。

すると、「説得します。だからよろしくお願いします」

と制作サイドから返答があった。

「まあ、そこまで言うなら、ボクは構わない。

ただし、向こうがまた同じことをしてきたら、その時はちょっとボクもさすがに我慢できない。結構我慢しているから、ギリギリまで頑張って大人の対応はするが、その時は勘弁してよ」と伝えた。

向こうもそれなりの距離を保ちながら活動をしていた。

だが、裏では「GACKTとは付き合うな」と
言い続けてたんだろう。

まあ、でもこれは、先輩に対して
「テメェ、ブッ飛ばすぞ」
と言ってしまった、ボクの幼さが原因ということ。

尊敬する先輩の楽屋に殴り込み

ボクは SUGIZO とも喧嘩した。

相手は先輩だから、「SUGIZO」と呼び捨てにするのも、そもそもおかしいのかもしれないが。

その事件は、楽屋が隣だったことがきっかけだった。

あるイベントで、SUGIZO と一緒になった。
SUGIZO とそのサポートメンバーたちの楽屋が、ボクの楽屋のたまたま隣だった。

ちなみに、当時からボクは SUGIZO のことをギタリストとしてめちゃくちゃ尊敬していた。
だから、彼のリハーサルもずっと見ていた。
そして「すごいギタリストだな、やっぱり」と実感していた。

その後、イベントも進行し、イベントのトリだったボクらが、
ステージに行く直前、楽屋で気合い入れをしていた時のことだ。
ボクのチームにはダンサーもおり、楽屋は大部屋だった。

ボクはたまたま、その部屋の中で言うと、
SUGIZO たちの楽屋の、一番近くの位置にいた。

そして、気合い入れをした後にステージの用意をしていたら、
SUGIZO の楽屋から、

「うるせえな！ 騒いでんじゃねぇバカ野郎」

という声が聞こえた。

「は？」

ボクのスイッチが、ひとつ入った。
さらに、

「こいつら、ブッ飛ばすぞこの野郎。

調子に乗りやがって」

という声も聞こえた。
二つめのスイッチが入った。

ウチには、メンバーもダンサーも血の気が多い連中がいっぱいいる。
スイッチは入っていたが、ボクの脳裏には「こいつらが隣に行ったら、
ヤバいことになる」という考えもよぎった。

だが、パッと周りを見たら、誰も気づいていないようだった。
実際のところ、みんなには聞こえていなかった。
みんな興奮して、「よっしゃあ! 行くぞー!」という状態だったからだ。

だが、ボクの耳には、

「なにが気合いだバカ野郎」

という声が聞こえていた。

スイッチが全て入った瞬間だった。

ボクはメンバーたちに、
「オマエら先にステージに行け」と伝えた。

もし、隣の暴言がみんなに聞こえてしまい、ボクよりも先にメンバーたち
に行かれたら、乱闘になって収拾がつかなくなってしまう。

ウチは 20 人以上のチームだった。向こうは SUGIZO と SUGIZO のサポー
トメンバー。バンドだから多くても 5 人。

5 対 20 はフェアじゃない。

だからメンバーたちに、「先に行け」と言った。
メンバーは「いや、まだ時間が」と言ったが、「いいから行け」とステージ
に行かせた。

そしてボクは後から廊下に出た。
そこには他の若いバンドの子たちもいたが、とにかくウチのメンバーたち
が角を曲がっていなくなったのを確認し、「よし」と。

SUGIZO の楽屋のドアをバーンッ!
蹴飛ばして開けて、

「ヤッてみろ、この野郎！」

とやってしまった。

ちなみに、先ほども書いた通り、
SUGIZO は尊敬する先輩だ。

周りには他の若いバンドの子たちもいたから、やめようかなとも思ったが
さすがにその気持ちのままステージには上がれない。

まあこっちは一人。
最悪、1対5だ。
それなら、まあいっかな、と。

「大人数で寄ってたかって」みたいなことも言われないし、先に言ってきた
のも向こうだ。
とりあえず、言うだけのことは言っておこうと。
そう思い、
SUGIZO の楽屋の中に入り、
「テメエこの野郎。ブッ飛ばすぞ！」と。
言ってしまった。
その瞬間、SUGIZO は本を読んでいた。
そしてパッとボクを見て、「え？」という顔をした。
予想していたテンションと違う。

「あれ？」とボクも思ったが、もう止まらなかった。続けるしかない。
「テメエ！ コラこの野郎！」と続けてしまった。

すると SUGIZO は、何か思いついたように、ポンッと本を閉じた。
そして大きく息を吐き、

「なんだこの野郎！」と。

ボクもちょっとおかしいなとは思いつつ、

そこからグッチャグチャに喧嘩になった。

他のスタッフも来て引き離されて、とにかく本番に行ってくださいと
言われ、ステージに行って本番をやった。
もちろん、ステージから戻っても収まらなかった。

だが、後々聞いたら、SUGIZO はただ本を読んでいて、SUGIZO の
サポートメンバーが文句を言っていただけだった。
ただ、ボクにはそれが SUGIZO かどうかもわからなかったし、SUGIZO の
楽屋から聞こえてきたのは間違いない。

本番の後、テレ朝のトップの人が間に入って「何があったんだ？」と、
お互いの事情を聞かれた。

SUGIZO は
「いきなり人の楽屋に来て、
『テメエ、ブッ飛ばすぞこの野郎！』
はねえだろ」と。
ほんと、その通り。

だが、もうボクも引けなかった。

それに対して、「だったら、本番前のアーティストに『うるせえバカ野郎』だの、『調子乗ってんな』だの、『テメエ潰すぞこの野郎』ってのはねえだろ。仮に言ったのが SUGIZO じゃなかったとしても、テメエのバンドのメンバーだろ。監督責任はどこ行くんだ？ それってトップの SUGIZO の責任なんじゃねえの？」と返した。

もちろん、9 割ボクが悪い。何も確認せず楽屋のドアを蹴飛ばして入ったのだから。それはボクの幼さゆえの過ちだ。

ただ、一言いわせてもらうが、ボク一人で良かった。

メンバーも行ってたら、
マジ収拾がつかなくなってた、と。

その時は、最終的に SUGIZO のサポートメンバーの子たちが頭を下げて終わったが、まあ SUGIZO からしたら…。

とは言え、ボクは後輩。

「まーたやっちゃったよー」と。

コレはボクが悪い、と。

今ではすっかり丸くなったが、当時はほんとにトラブルが多かった。

ただ、火種はボクじゃないことが多かった。

火種は向こうで、ボクはその上にガソリンをかけただけ。

いや、ボク自身がガソリンなんだろう。すぐ着火する。

チャッカマン。
すぐ火がつく。本当に。

SUGIZO の漢気

SUGIZO の一件からしばらくして、「尊敬している人だったのに、残念なことをしてしまった」と思っていた頃、たまたま YOSHIKI と話をした。

「YOSHIKI」と呼ぶが、あくまでも先輩。
SUGIZO よりも、さらに大先輩だ。
一般の考えからすれば、その呼び方はおかしいんだろうが、ボクにとってはお兄ちゃん。

みんな、「先輩を呼び捨てにするのか？」と言うが、YOSHIKI にしても
SUGIZO にしても、ボクの中では、その相手へのリスペクトがむちゃくちゃ強い。

みんなボクにとっては「お兄ちゃん」。
実のお兄ちゃんには「さん」付けしない。
それと同じ。

逆にボクの後輩で、ボクのことを「GACKT」って呼ぶ子もいる。
もちろん気にしていない。

YOSHIKI も、最初に出会った時に「何て呼んだらいいの？」って聞いたら、
「YOSHIKI でいいよ」
「わかった。じゃあ YOSHIKI」って。
そこから始まった。

もちろん先輩だってことはわかっている。
同じ目線で話しているわけではないから、「オマエ」とも言わない。

兄弟のように仲はいい。

感覚的には「お兄ちゃん」だ。
長兄、一番上のお兄ちゃんみたいな感覚。
そのお兄ちゃんに対して話をしている。
だから YOSHIKI も SUGIZO も、そのまま呼んでいる。

さて、YOSHIKI の話に戻るが、ある時、YOSHIKI が「一緒にバンドやろう」
とボクを誘った。

面白そうだったが、ただ、そのメンバーに SUGIZO にも声をかける話だった。
ボクは YOSHIKI に「あのさー、ボク、怒鳴り込んじゃったんだよね。
やっちゃった。ボクは尊敬してるんだけど、向こうはいやだと思うけどな」
と言った。

すると YOSHIKI は、「え、そうなの? 俺と一緒じゃん。俺もさ、すぐ人の
楽屋で暴れてさ、むちゃくちゃしちゃうんだよね」と。

「いや YOSHIKI とは違うから
一緒にしないでくれる?」

と言ったが、一緒に見えてもおかしくはない。

「後悔も反省もしてる」と伝えたら、
「いいよ。一応、声かけるよ。
それでもし SUGIZO が、
『いや、アイツは許せねー、ブッ飛ばす!』
となったら、

その時はやっちゃえばいいじゃん」と。

長兄はもっと狂っていた。

「いやいやいや、みんなボクより年上で、先輩なんだからさあ。
そんなふうに言わないでよ」と。そんな会話があった。

そこから少し経って、ボクの誕生日イベントの日のことだ。

受付の子からボクの元に連絡が来た。「あの、GACKT さん…いらっしゃい
ました」
「誰が?」
「えっと…それが…」
「誰なんだ?　言ってみろ」
「SUGIZO さんが、お一人で来ました!」と。
それにはさすがにボクも面くらってしまい、
「え!?」と聞き返した。

SUGIZO がボクの誕生日イベントにわざわざ来た。
まだボクと仲直りもしていないのに。
「誕生日にやるのか?」
「マジかよ、誕生日イベントに喧嘩したくないのに」と。
それでも来てくれたのだから会うしかない。

すると、SUGIZO がパッとボクの元に来た。
そして手をさし出し、
「誕生日おめでとう」と握手をしてくれた。

もう、その瞬間に
ボクは心をギュッと掴まれた。
ボクは単純だ。
心をギュッと掴まれ、
「ありがとう。ごめんね。SUGIZO は先輩なのにさ」と言ったら、

「いいよ。俺も逆の立場だったら同じことをやってるしさ」と。
「今日はこれ、プレゼント持ってきたから、受け取ってよ」と言われ、
パッと袋から出したのが、

石。

結構大きくて、結構尖った、パワーストーンだった。

最初、
それで殴られるのか？ とも思ったが。

「結構尖ってんな…これで殴られたら痛そうだ」と。

自分の楽屋に殴り込んで狼藉を働いた後輩の誕生日イベントに一人で乗り
込んで、自分から手を差し伸べて、「おめでとう」なんてなかなか言えない。
そこからボクと SUGIZO は仲良くなった。
SUGIZO の器が大きかったから、ボクは救われた、というだけの話だ。

SUGIZO とは今ではめちゃくちゃ仲がいい。
ギタリストとしても尊敬している。
それ以上に、友達としても先輩としてもとても尊敬してる。
ただ、ボクは SUGIZO に対して敬語を使わないだけ。
なぜならお兄ちゃんだから。

こんなふうに、リスペクトしていても、ボクのリスペクトは、
なかなか伝わりづらい。
だから、誤解を生むことが多い。

揉めた先述の先輩に対しても、ミュージシャンとしてのリスペクトはある。
関係性が悪くなっても、そのリスペクトが消えるわけではない。
ボクは一度リスペクトしたという気持ちは忘れない。

そしてもちろん、自分がやらかしたことも覚えてる。
それは申し訳ないとは思う。
ほんとに、どこでもやってしまう。
相手が先輩とかでも関係なく、場所も年齢も関係なくキレ散らかしていた。

思い出せば NHK でもあった。
NHK の楽屋で、スタッフが言った段取りを確認していた。
「本当にこれは大丈夫か？ 絶対失敗しないよな？」と念押しをした。

それでも「絶対問題ないです！ 全く問題ない。大丈夫、任せてください！」
と言ってきた。

結果として、本番で相手はミスった。

ボクはブチ切れ、死ぬほど暴れた。NHK で。
その結果、NHK を出禁になった。

そこまでは 4 回、紅白に出ていた。
だが、出禁になって出られなくなった。

そこから 2 年経ってやっと出禁を解除されたのが、大河に出てからのこと。

上杉謙信のおかげ。

GACKT が死を覚悟した揉め事

SUGIZO の楽屋殴り込みや、NHK 出禁なんて、実は可愛い部類の話。
「ヤバい、これは死ぬな」と思うような話ではなかった。
病気以外で、そう思い、死にかけたのは、6 年前のことだ。

ボクの元に突然、A という仲間から連絡が来た。

「自分の先輩が死にかけている」と。

だから、誰かいい医者を紹介して欲しいと相談された。

当時、ボクには日本でも指折りの医者を知っている人物、
B という知り合いがいた。
ボクはその B に電話して頼んだ。
B は「その医者に頼むにはお金がかかる」と。
そして、「たとえ、その医者がいる病院に入院しても、その医者がやって
くれるかどうかもわからない。そういう意味でもお金がかかる。だから、
そのことをまず先方に伝えて、確認してからこの話は進めた方がいいと
思うよ」と言われた。

ボクはそれを A に確認した。
すると A は「金はいくらかかってもいい」と答えた。
ボクは「わかった」と。
「B に繋げるから、直接話をしてくれ」と言い、繋いだ。
本来、そこから先はボクとは関係の無い彼らの話。

ボクを介して繋いだだけのことだった。

だが、その後AとBが揉めた。
Bが医者とのミーティングをセットアップすると言い、
日程も全部決めたにもかかわらず、Aがその席をブッチした。
そしてAは「Bは詐欺師だ」みたいなことを周囲に言い始めた。

Bがいろんな医者を知っているということはボクも知っている。
例えば、金を払い、その医者に会おうとしたのに、その医者が来なかった
ということならば、詐欺師呼ばわりするのもわかる。
だが、そういうこともなく、相手を詐欺師呼ばわりするのは意味がわから
ない。

そして、両者はそこから
グッチャグチャに揉めた。

ボクは紹介しただけだったが、そこに巻き込まれてしまった。
ほとんど文字にできないけど、○○○が関わってきて、

ボクにも
「テメエ、拐うぞこの野郎！」と電話が来た。

「おいおいおいおい、なんでこんな話に○○○が出てくるんだよ？」
となるくらい、いろんなところから連絡が来た。

当時はタイミングが悪く、
◯◯組と◯◯組の◯争中だった。

ボクがその◯争の火種みたいなものになってしまった。
もちろん、ボクは何もしていない。
ただ知り合いに知り合いを紹介しただけ。
それなのに、Aがボクの名前を出すから、めちゃくちゃめんどくさいことになった。

そしてある日、
日本のフィクサーのような人で、
「X会長」と呼ばれる人がいた。

ボクはその人から呼び出しをくらった。

ボクにとっての、いわゆる兄貴的な人から、
「直接会って話を聞け」と。
「言いたいことはあるだろうけど、話を聞け」と。

ボクはそのX会長と会い、1時間ずっと説教された。
めちゃくちゃ怒っていた。

「初めまして」から、
「オマエなあ、どういう考えでそれやったんだよ」と。

おそらく、先方にいっている話が、ズレて伝わってるんだろうなとは
思ったが、ボクは何も言わず、1時間ずっと聞いていた。
「はい」「はい」と。
そして話が終わったが、ボクは最後に口を開いた。

「すいません、
一言だけ言わせてもらっていいですか」と。

「自分が親友だと思っている人間が、
どうしても助けたいと言っている相手がいて。
少しでも力になれればと思って人を助けたことは、
筋が通ってないことでしょうか？」と言ったら、
「はあ？ 俺に説教するのか？」と。

「ああ、これは死んだな」と思いながら、
でも言いたいことは言おうと。

「とりあえず自分が間違っていることをひとつでも言ってたら、
好きなようにしてください。
でも、自分は筋が違ったことをやった覚えは
ありません。
後ろめたい気持ちも、恥ずかしいことも、隠すことも、
なんにもありません。あとは、X会長が判断してください」

そうボクは全部言い、
「あー終わった。死んだな。あー死んだな」
と思っていた。

するとX会長は、笑い始めて、
「オメェ、おもしれえな」となった。
そして、「寿司食いに行こう」と言われた。

ただボクは一生米を食わないと決めているので、

「すいません、米食べません」と言ったら、
またブチギレられた。

「テメー俺が誘ってるのに、
寿司は食わねえってなんだよオメーこの野郎！」

「すいません、自分が決めてることなんで」と。

すると、「オマエおもしれえな！」と。
そこから、そのＸ会長に
可愛がってもらえるようになった。

年齢的にも、孫のような可愛がりかたを
してもらっている。

ただ、その時に言われたことは、
今でもボクの中に残ってる。ハッキリ覚えている。

「相手が親友であろうと誰であろうと、

人を助けるということには、
必ずリスクが伴う。

たとえ善意で人を助けたとしても、恨まれることもある。
しかも、オマエは名前がある。名前だけが独り歩きすることも多々ある。
その責任をオマエが負えないなら、助けるのはやめろ。
だから、人助けをする時は、覚悟を持って助けろ」と。

実際、説教くらってる間は、
本当に「もう、こりゃ死んだなあ」
「いつやられるのかな」と思っていた。

実際のところ、この揉め事でボクに脅しを
いれてた人は、○○○○○た。

ひとつ間違っていたらボクも…と。

だからそう考えると、ボクは人に恵まれている。
縁には心から感謝してるし、本当に、ありがたいこと。

X会長は言った。
「オマエは、

今回のことで親友だと思ってたヤツを
失ったかもしれない。
だが、オマエは俺を手に入れた。
それもひとつの縁だ。

だから出会いもあれば別れもある。全ては縁。だから大事にしろ。
そこから何かを学べ」

まあ命からがら助かったという話。
だから、GACKTは、みんなが思ってるような、
順風満帆な人生じゃない。本当に。
いつもギリギリで生きてる。

噂の真相と新たなるリーク

まことしやかに語られる GACKT の噂。

それは都市伝説なのか？
はたまた、目を覆いたくなるような事実なのか。

我々編集部は S 氏から、噂の真相と、どの週刊誌にも掲載されていない、
新たなるリークを得ることに成功した。
そこで、我々は思いもよらぬ GACKT の真の姿を垣間見ることとなる。

Sの告発
accusation

「GACKT 新幹線爆破事件」

ん？ GACKT が大敗した話が訊きたい？
そもそも君たちはどんな本を出すんだい？
GACKT の負け方？ 敗戦記？
なるほど、GACKT が負けた話が聞きたいのか…。

ではひとつ、こんなエピソードを。

GACKT と私は名古屋に向かう新幹線のグリーン車に並んで座っていた。
名古屋までは 1 時間半程だ。いきなり GACKT が言った。
「顧問の携帯貸して」
躊躇しながら iPhone を差し出した私に GACKT は言った。
「今からこの携帯をバラバラにしてネジまでバラす。そして名古屋に
着くまでに完璧に元に戻す。心配しなくていいから。あはは」
爽やかに笑った。

「ウチの事務所にとって大事なデータが入ってることはわかってるよ。もし
この iPhone をボクが元に戻せなかったら、この新幹線が爆発すると思って
よ。その時はボクら死ぬんだ。そう思うとスリリングだよ。さあ、始めるよ」

GACKT は手際よく、驚くべき速さで私の iPhone を分解してゆく。30 分
程で跡形もなくネジや小さな部品だらけになった。「さ、ここからだ」
GACKT は腕まくりすると厳しい表情になり組み立て始めた。もう会話は
無い。

名古屋が近づいて来る。空気が張り詰めてゆく。
「ガクちゃん、あと 10 分だよ」

「大丈夫、問題ない」
後1分。車内アナウンスが、名古屋に到着することを告げていた。
GACKTはマネージャーのRを呼んだ。
「このままの状態で動かさず写メを撮れ！」Rは必死で写メを撮る。
そのままバラバラになったままの部品をガサーッとビニール袋に入れた。
私のiPhoneだ。

名古屋駅に着いた。

「ボーン！！ 新幹線爆発して2人とも死んだよ」
「あはははは」GACKTは笑った。

GACKTが負けた瞬間だ。

私のiPhoneが復活することは二度と無かった。
この男こそがホンモノの悪魔だ。

Sの告発
accusation

「GACKTの個人事務所倒産？疑惑」

あれは 2018 年 6 月に『週刊新潮』が報じたね。
GACKT のプロダクション事務所である G-PRO 社という会社が倒産していたと。（笑）

新潮ほどの取材力がありながら G-PRO 社の
株主もわからない等と書かれていて
えらく不自然な記事で、

GACKT が経営していた事務所が潰れたと強調していたが、
G-PRO 社は㈱第一興商の関連子会社の芸能プロダクションだった。
第一興商というとカラオケ会社のイメージだが、傘下には GACKT が長らく
所属していたレーベルの日本クラウンがあり、GACKT とは繋がりがあった。

所属や専属という表現がたくさん出てくるからわかりにくいだろうが、
解説しておくと、ミュージシャンは大物になると自分の親族などと個人
事務所を作る。その上で芸能音楽事務所（いわゆるプロダクション）に
所属する。個人事務所と芸能プロダクション事務所が契約する形だ。
さらにどこかのレーベル（ユニバーサル、エイベックス、ソニー、クラウン、
コロンビアなどのレコード会社）と契約して所属するという仕組み。

2012 年、GACKT が所属していたプロダクションの、GD 社がマルサに脱税
で挙げられたが、当時 GACKT はフリーとなり前述の M 氏が立ち上げた
プロダクションに移籍していた。だが、2013 年に第一興商の会長の別会社
であった㈱ホシ・クリエート社で芸能音楽事業をやるために新たに GACKT
と契約し、その専属プロダクションとして設立されたのが株式会社 G-PRO

だった。それは 2013 年にマスコミが【GACKT のバックに大物・第一興商の会長がついた】と報じたことであったが、
それは業界に送付された G-PRO 社の設立案内状に第一興商会長の名前があったことでもマスコミにも知られていた事実だ。GACKT はその G-PRO 社の所属アーティストに過ぎなかった。

そんなことを週刊誌が調べて
わからないはずがない。
その第一興商系の G-PRO 社が倒産していた
ことを、さも GACKT 自身がやっている
個人事務所の倒産と報じたのである。

まあ、何かの意図か圧力があったんだろう。当時は GACKT コインでマスコミが騒いで東スポなどは

【GACKT 年末逮捕！】

と書きたい放題だった。大企業なら慌ててしまうでしょう。

そんなわけで、GACKT の個人事務所が倒産したわけでは無い。
週刊誌が GACKT 自身のスキャンダルに見せようとしたということです。

Sの告発
accusation

「格付けチェックやらせ疑惑」

格付けチェックも長い番組だが、年末年始、12月25日から正月三ヶ日で、
最も視聴率が高い民放番組となった。
GACKTが番組で牛肉の食べ比べを当てなきゃならなくなり、完璧主義の
GACKTのイメージを崩してはいけないと特訓を開始したんだよ。

まるで、世紀の格闘技試合に臨む
格闘家のようにトレーニングを行った。

当時、GACKTの後見人のM氏が食肉事業をやっていて和牛の海外輸出
なども手掛けていたから和牛の食べ比べで負けさせるわけにはいかない。
だから新橋の鉄板焼き店をM氏が借り切って様々な牛肉を食べ分ける
ブラインド・テストの特訓をやった。

TV番組に出演するのに事前にトレーニング
を敢行するタレントやミュージシャンなんて
いないだろう。（笑）

だが関係者はストイックで必死だった。実際には、格付けチェックでは
小さな和牛の肉片を目隠しして、しかもスプーンで食べる。
さらには、同じ牛脂で調理している。

これは難しい。味覚は噛んで咀嚼することで感じるものだからね。
表面の脂を無視して小さな肉片の中から感じなきゃならない。
それで松阪牛を当てるということだったから、M氏が横からGACKTに
耳打ちした。

「若、松阪牛はサシやキメなど
一定条件を満たしたメスだけなんだ。
若がメスの脂かオスの脂か口に入れて
わからないわけないよな？」

「あはは。大丈夫、問題ない」

ワインに至っては、彼の日本の自宅のワインセラーには1000本以上の
高級ワインが常時置いてある。つまりTV番組ひとつに出演するにも、
それだけのトレーニングをする。収録前夜に食べるものさえ制限する。
収録当日には絶食してる。そんな試合に挑むボクサーみたいにバラエティ
番組出演に向き合うミュージシャンは存在しない。

これがGACKTがGACKTである由縁。

Sの告発
accusation

「GACKT 整形疑惑」

整形疑惑？
私が出会った時からあの顔だ。
大城ガクトの時もあの顔だ。

芸能人でもスッピンになると別顔ってのは多いようだ。
ビジュアル系なんてのは楽屋で化粧落として出てくると付き人かと思い
すれ違うくらい別顔だったりする。

私は GACKT の素顔を暴いてやろうと
寝ているところをジッと見ていたが
朝まであの顔だった。
裸で髪をガシガシとバスタオルで拭きながらシャワールームから出てくる
顔もあのままだ。

楽屋でメイクするスッピンの顔もあの顔だ。

メイクした後もあの顔だ。
たいして変わらない。

お姉さんも同じ顔だ。よく似てる。

「GACKT はなぜ金持ちなのか？」

GACKT はなぜ金持ちかだって？
稼ぐ。そして、使わないからだろう。

アナタだって1日20時間働いて、1日1食にして、暇な時間は家で腕立て伏せと腹筋に明け暮れて英語や中国語のラジオ講座を聴いて勉強していたら不動産くらい買えるだろう。

GACKT は無駄金を使わないというか
【浪費】しない。
真に価値あるものしか買わない。
なかなか買わない。ほとんど買わない。
買う時は周りの者が倒れるくらい買う。

私が顧問時代に GACKT の秘書から電話があった。
「御本人が椅子を買うと言ってまして」
「イス？ チェアー？ いくら？」
「それが1800万円でして」
「た、高いな…えらく。しかし、いいもんなんだろう。
なら買えばいいじゃないか」

「4脚買うと言ってます。7200万円でして…」

そのチェアーに合う高額なテーブルを想像しそうになったんで私は思考するのを止めた。
やはりこの男は悪魔だ。人間にはそんな高価な椅子は必要じゃない。

Sの告発
accusation

「FX 惨敗疑惑」

昔のことだが、個人事務所社長だった GACKT の姉が顧問の私に相談を
して来た。

「最近、ガクが FX ってやつにハマってて、3 億ほど損をしたのよ。
一応耳には入れておこうと思って。ガクには私から聞いたと言わないで
くださいね。ガクが自分から話すと思うので…」

そのまま数ヶ月が過ぎた。
GACKT から連絡があり、話したいことがあるから自宅に来て欲しいとの
ことで、私は車を走らせた。まあ、よくあることだ。

薄暗く豪華なリビングルームに入った。
GACKT はイタリア製の椅子の背に深くもたれてリラックスして、ノート
PC に見入っていた。私は彼の正面に座った。
それが合図かのように、目の前の GACKT は顔をあげると、大きくため息
をついた。

「実はさぁ、FX で 3 億ほど損したんだよ。ゴメンねぇ…」

間があった。

「ボクが馬鹿だった…」
GACKT が自分の非を口にするのは珍しい。画期的なことだ。
そのまま次の言葉を待った。

「泉を信じたボクが馬鹿だったな」

泉とは GACKT 専属のシェフである。毎日晩メシを作ってる料理人であり、
GACKT の金に関わる立場でも無いし、FX に詳しいわけでもない。
ただの料理番に過ぎない。

「泉が原因で3億失ったと言うのかい？」
「うん、アイツを信じたボクのミスだよ、今回は」

後で泉を呼んで訊いたら、自分は GACKT さんに言われてロケ先に日々の
相場状況を送っていただけだと言う。
単に忙しい GACKT の代わりに相場の動きを適宜知らせていただけだと言
うのだ。

自分が負けたのにシェフの負けにしてしまう。
これが GACKT 無敗伝説なのかもしれない。

GACKT は負けてない。
負けたのはあくまで【泉を信じたボク】

なのだ。（笑）
だから、正確に言うならば GACKT は FX で損はしていない。
【料理人の泉を信じた、
いや、泉の送った情報を信じた行為が FX で損をした】わけだ。
なんというタフなメンタリズムなのか。
悪魔ならではの所業である。

Sの告発
accusation

「バカラ惨敗疑惑」

私と GACKT は仕事のためにマカオにいた。

マカオには以前私の事業会社を置いていたこともあり元部下や友人、知人らも多い。

友人が経営しているスワンという小さなカジノの VIP ルームで遊び、次に旧知の MGM マカオのカジノにある VIP ルームの女性マネージャーに電話をして移動した。

MGM はラスベガスを本拠とする有名カジノでマカオでもサンズと並ぶ超メジャーカジノのひとつだ。

ラスベガスではメイウェザーやマイク・タイソンなどの世界タイトルマッチを行い、世界中に中継されているのも MGM ホールからだ。ベガスではそれも賭けの対象。だからメイウェザーのファイトマネーが 1 試合 300 億円以上に跳ね上がる仕組みだ。

話を戻そう。

その前年、マカオはラスベガスを抜いて金額ベースでは世界一のカジノの街になっていた。

理由はそれだけ中国には金持ちが多いということだろう。

女性マネージャーはラスベガス、オーストラリア、シンガポールで同様にカジノの VIP ルームマネージャーを務めて来たベテランで、急成長するマカオに移っていたが、彼女によると中国人の金持ちは桁が違うと言う。

だがマナーは良くない。事実、黒服ボディーガード 2 人を引き連れて、昔よく大阪の下町で見かけたパーマ用のロールを髪にいくつも巻きつけたオバサンが咥え煙草で VIP ルームにやって来る。

レイバンのサングラス、ペラペラの黄色い T シャツ、半ズボンにサンダル。
両手に巨大な紙袋。ボディーガードたちも両手に紙袋。現金だ。アメリカ
には 3 億人が住んでるが、中国には 14 億人も住んでいるのだから金持ち
の数もそれなりなんだろう。

そんな中国人には見向きもせずに、GACKT はバカラのテーブルに何時間も
微動だにせずに座って勝負を続けていた。もう 4 時間以上。5 時間を過ぎ
るとディーラーとの一騎打ちになった。バカラはカジノの数あるゲームの
中でも最も博打性が高い。勝てばデカいが負ければ全財産を失いかねない。

GACKT は数千万円勝っていた。全身からは異様なオーラというか殺気が
放たれてバカラテーブルを異常な緊張が支配していた。
GACKT の隣にはなぜかあの泉が蒼白い顔で座っている。
GACKT のあの専属シェフだ。
泉はただのシェフであり、バカラ未経験だ。
その顔は緊張でみるみる白くなっていた。

私は後方から立って見ていたが、その張り詰めた空気に耐えきれず、マネー
ジャーや付き人たち数名にその場を任せて MGM ホテルの部屋に戻った。

Sの告発
accusation

翌日の昼にホテルのカフェで GACKT と合流してティーを飲んだ。
泉の顔は蒼白いままだ。いやドス黒くも見える。

「ガクちゃん、昨夜どうだった？ ボロ勝ちかい？」

サングラスをした GACKT は氷のような表情で答えた。
「あの後も勝ち続けたんだよ。
夜明け前にボクはこれは超えられる。抜けたと思った」

間があった。
マネージャーも付き人も緊張して固まっている。
GACKT はカプチーノをゆっくりと一口飲んだ。

「ところがそのタイミングでコイツがトイレに行った。
あんなタイミングで普通はトイレなんか行かないじゃん！ ありえない。
こいつがトイレに立ったことで気が変わってしまったんだよ！ そこ
からひどいことになったよ」

シェフの泉は平謝りで、口から泡を吐き出しそうな表情をしている。

「それで？」私が訊くと。
「ボロ負けです…」マネージャーが俯いたまま答えた。
「…って話だよ。コイツのせいだよ。オマエ顧問に謝れ」
泡を吹きそうなシェフが私に謝る。
8時間くらい座って勝負している GACKT の隣にジッと座らされてるわけ
だ。ルールも知らないただの料理番なんだから。
それはいくらなんでも、シェフもトイレくらい行きたくなるだろう。
ましてや緊張しているわけなんだから。

「それはまさにウン気が変わったんだな」

私は場をなごませようとジョークを言った。

誰も笑わない。シュールな時間だった…。

関係の無い私に、顧問すいませんとシェフに謝らせることで、自分が勝負
に負けたわけじゃなく、あくまであのタイミングでトイレに駆け込んだ
シェフのせいで負けたことに GACKT はしてしまった。
つまり GACKT は負けてないのだろう。なんというメンタルなんだ。これ
ほどの負けず嫌いは見たことがない。

真剣勝負で武士が刀を挟んで対峙していれば、虫が飛んでも花びらが散っ
ても張り詰めた空気の流れが変わり勝負が動くことがある。
テニスなどでも拮抗緊迫したゲームで、3000 人の観客の中、コーチが額の
汗を拭ったというだけで気が変わり勝負が決することもある。

GACKT にしてみれば、そんな命掛けの場面で味方が動くな、トイレなど
行くな、24 時間くらい我慢しろ、それくらいの精神力や胆力を持て！
と言いたかったんだろう。

しかし、泉はただのシェフなのだ。
武士ではない。（笑）

ただ、GACKT から見たらその場に居た全員が武士でありひとつのチーム
だったんだろう。マネージャーも付き人も。
彼の意識はチームとしてバカラを戦っていたわけだ。
しかし我々はそう思って無い。GACKT がバカラをやるのを呑気に眺めて
いただけなのだ。

バカラで負けた大金はもちろん GACKT 個人が払った。
それ以後、GACKT がプライベートでバカラをやることはなかった。

同じ過ちを繰り返さないのが GACKT。

Sの告発
accusation

「麻薬・ドラッグ疑惑」

芸能人やスポーツ選手が薬物で逮捕される度に次の逮捕候補として週刊誌
やネットに名前がよくあがるのが GACKT だな。

過去にこんなことも起きた。
全国ツアーで名古屋に滞在していた際に、滞在中のホテルに一本の電話が
あった。
その時はリハーサルや本番で GACKT はおろか帯同している 50 人からの
ツアースタッフも誰もホテルにいない。
電話が繋がったホテル支配人に、電話の主は
麻トリ（麻薬取締官）を名乗り、
滞在中の GACKT の部屋を捜査したいと協力を依頼し、連絡先を残した。
ホテルは一流ホテル。
ホテルは回答する前にツアーを仕切るイベンターに一報を入れた。
当時 GACKT を長年担当していたイベンターは非常に優秀で、タフであり、
こういう突発的なことにも臆することなく向かい合った。
事務所や GACKT にすぐに伝わった。

GACKT は言った。「臆することなど無いだろう。こっちから電話してみろ。
勝手に調べたらいいとボクが言っていると」

当時のプロダクション事務所社長 T がその番号に電話をすることになり、
先に顧問の私にその旨のアドバイスを求めて来たので GACKT の
プロダクション事務所として堂々と電話しようと言った。

繋がったのは厚生労働省関東信越厚生局麻薬取締部。長い名称だ。

だが当局がホテルに電話した事実は無いし、
そんな名前の職員はいないという。
名古屋にいた一同は狐につままれた感じだった。
そのままホテルに麻トリは現れなかった。
これはファンやアンチのイタズラか？
それにしても何故に隠密行動の我々の滞在先を知っているのか？
しかし、麻トリは麻薬Gメンとも呼ばれ秘密裏に捜査する。
そんなあからさまに事前に名乗りやってくるものなのか？

説明しておくと、麻トリとか麻薬Gメンとは警察では無い。
厚生労働省の麻薬取締部の職員の総称であり国家公務員。
全国に200人程度しかいない。逮捕権を持っている。
警察官は地方公務員であり、警察の中にも麻薬取締部署はあるがこれは麻
トリや麻薬Gメンとは別物で、警視庁組織犯罪対策部・組織犯罪対策五課
が薬物や銃器を取締まる。
こちらもやたら長い名称だ。
芸能人や有名人を薬物で逮捕してきたのは、この二つのどちらか、という
ことになる。

S の告発
accusation

結局、麻トリはそれきり現れなかった。

だが、ツアー中に不思議なことが起きた。

GACKT の自宅に 2 人の男がやって来た。

対応した留守番スタッフに警察官を名乗った。

近くの警察署の所轄警察官だと言うが私服。

警察手帳らしきものは見せたがチラ見せだけですぐにしまったようだ。

近くの路上で事件があったのでその捜査協力をして欲しいから家に備えつけている防犯カメラの映像をチェックさせてくれ、家の中に入らせてくれと。当時の GACKT の自宅は要塞並みの堅牢さと複数の防犯カメラが外にも内にも張り巡らされていた。容易には近づけない。

スタッフから私に電話があったので連絡先と名前を訊いて、指定された日付と時間の部分の映像のみを渡すから明日来てくれと回答するように指示した。

警察を名乗る 2 人が帰った後にスタッフに当該警察署に電話させた。

ところがそんな名前の警察官は
存在していなかったのだ。

所轄の警察署は GACKT の自宅を知っている。有名人として生活安全課の警護対象になっているし、その署員が当時 GACKT の家だと知らないはずはない。

駆けつけてくれた当該警察署の刑事さんも首を傾げた。

その警察官を名乗った 2 人組が防犯カメラに残った映像を見た。

ジャージ姿で 2 人とも 30 代くらいだ。

刑事さんはそれを警察に持ち帰った。翌日、この2人組は約束の時間に
現れなかった。それきりとなった。これは麻トリだったのか？

チラッと示した警察手帳。麻トリも手帳（身分証）は持っている。
警察手帳に似ているがエムブレムが警察とは異なる。大きさも色も違う。
だがスタッフの記憶が定かでは無い。

イタズラか嫌がらせかだろうが、GACKT は健康オタクだ。
近くで彼の生活を見ていると、

薬物やドラッグの対極にいる男だとわかる。

口に入れるもの、身体に摂取するものをこれほどストイックに制限してい
る男を私は他に見たことがない。
それは強靭な肉体美を誇る GACKT が

幼少期からさんざん持病や病魔によって
苦しんで来たことが影響しているんだろう。

Sの告発
accusation

かつて、

【GACKT のダンサーが薬物使用で逮捕！！】

とスポーツ新聞が報じたことがあるが、ダンサーというのはコンサート
ツアーごとに変わる。ダンサーたちはダンサーという職業で生活している
わけで GACKT が雇っているわけでは無い。
ツアーの都度、ツアーイベントの興行主や制作会社が雇う。
そういう意味で GACKT のダンサーでは無い。
事実、そのダンサーも、GACKT 以外にも数多くのミュージシャンのステー
ジダンサーをやっていた。
逮捕された当時は別の有名ミュージシャンのバックダンサーだった。
それを何故にわざわざ GACKT のダンサーと週刊誌が報じたのか。

週刊誌が叩きたい、晒したい、はたまた部数を伸ばしたい、故に事実で
ないことを事実にしてまでもスクープにしたいのかもしれない。

GACKT はそんな中傷に対して、自らコンサートツアー中に

何度も抜き打ちの薬物検査を敢行させた。

医師を立ち会わせてだ。

さらに GACKT の要請で
薬物の抜き打ち検査がそれとは別に実施
された。リハーサル中にいきなりだ。
対象は全員、彼自身も含めて。

総勢 50 人以上が受けなきゃならない。

真っ先に GACKT 自身がその場で受けていた。

起用するバックダンサーからバックミュージシャン、制作スタッフ、
事務所スタッフまで例外なく。

「徹底して検査せよ」

当時顧問だった私はそう部下たちに指示した。

その私も検査会場に呼ばれた。
GACKT の指示だという。（笑）

薬物検査を受けさせられた。

例えば、
政治家の身体検査をせよ！ と時の総理大臣が号令する。

【真っ先にトップの総理大臣がやれ！】
【検査官も検査しろ！】
例外なく全員を疑う。

GACKT はそういう男だ。

Sの告発
accusation

「GACKT 芸能界最強疑惑」

芸能界喧嘩番付みたいなのは昔から話題になる。
かつては渡瀬恒彦、若山富三郎、ジェリー藤尾、ジョー山中、松田優作…。
その時代時代に挙がるテーマだな。喧嘩ってなると腕力だけでは無くなる
からね。純粋な格闘技的な強さとなると、元スポーツ選手や元ボクサーと
かを例外にすると、GACKT の名前も強そうな芸能人として挙がるんだろう
ね。あれだけの体幹があって、さらに日々トレーニングを積んでいるから
弱いわけはないだろう。

こんなエピソードがある。格闘技 RIZIN オーナーの榊原氏から相談があり、
GACKT を RIZIN のリングに上げたいんです！と。絶対に彼は強いから
リングでやらせたいと。ならば GACKT 本人に話をしてみようと話し合いの
場をセッティングした。フジテレビの担当者や GACKT 後見人として元事
務所会長の M 氏も自身が格闘技団体の役員であったことから同席した。

「で、ボクは誰と戦えばいいわけ？」と GACKT が訊いた。

榊原氏は真顔で答えた。「はい、ヴァンダレイで考えてます！」

ヴァンダレイ？
あのヴァンダレイ・シウバだという。

PRIDE の絶対王者として一時期君臨し、プロレスラー桜庭や柔道家吉田秀彦
を粉砕し、ミルコ・クロコップと死闘を演じ、アメリカの UFC に移籍した、
当時最強の格闘家の一人である。
「あはははは」GACKT は大笑いした。
「ボクはミュージシャンだっつーの!! 死ぬじゃん。それに、ボクがいくつ
だと思ってんの？」
食い下がる榊原氏。眼が真剣だ。
「いえ、いい戦いになると思うんです！僕は PRIDE、RIZIN をやってきま

したから選手の強さはわかるんです。GACKTさんの強さはわかります！
ファイトマネーはGACKTさんに提示してもらえれば1億なら出せます。
ヴァンダレイ・シウバとGACKTの試合は絶対にいい試合になります！」

「うーん…、ヴァンダレイは体重が90キロはあるだろうから体重が
GACKTとは合わないよ。ブアカーオか魔裟斗に変更出来ないの？」
と、元会長のM氏が言った。
「では、クレイジー・ホース・ベネットではどうでしょうか？」とRIZIN
の榊原オーナーが答える。
すかさずGACKTが

「2人とも頭おかしいんじゃないの？ ボクは
格闘家じゃない、ミュージシャンだって」

GACKT vs ヴァンダレイ・シウバ
GACKT vs ブアカーオ・ポー.プラムック
GACKT vs 魔裟斗
GACKT vs クレイジー・ホース・ベネット
GACKT vs マニー・パッキャオ
こういうマッチメイクの話があったのは事実だ。
実現していたらどうだっただろうか。

あとは妄想してみて欲しい。

あとがきとして加えておくと、結局この話し合いはGACKTが受けた。
【戦う選手は任せるよ。その代わりボクをRIZINのオーナーにしてくれ。
RIZINオーナー…、うん、悪くないな】

このGACKTの言葉に榊原氏とフジテレビは答えた。
「…。持ち帰り検討します」
それきり榊原氏から連絡はなかった。

そこには絶対に負けないGACKTがいた。
この男、あくまでも悪魔である。

Sの告発
accusation

「最後に GACKT とは？」

シン・ジブンなんじゃないかな？
彼が常に今を乗り越えて辿り着こうとしているのが新しい自分。真の自分。
GACKT の幼少期時代の話も親族から聞いている。
青春時代のことも友人やその親族から聞く機会があった。
極めて繊細で自己への意識が高い少年が
あらゆる障害や立ちはだかる壁を越えて、
尋常じゃない時間や労力を費やして辿り着いた新しい自分。
それが GACKT なんじゃないかと思う。

ある時には頑(かたく)なに。ある時にはひたむきに。

ある時には狡猾(こうかつ)に。ある時には愚直(ぐちょく)に。

ある時には苛烈(かれつ)に。ある時には不器用に。

ある時には柔軟に。ある時には冷徹に。

ある時には無邪気に。ある時には無防備に。

ある時には打算的に。ある時には愛情深く。

それは、誰の心の中にもあるんじゃないかな？
出してなくても棲んでいるんじゃないかな？
それを極端にさらけ出すことが出来る GACKT。
そんな GACKT に身構えてしまう人たちもいて、
執拗に攻撃するマスコミもいて、

その度にさらに乗り越えてゆく GACKT がいる。
傷つきながら強靭になってきた。
善とか悪とか、そんな基準で彼は生きてない。
昨日までの自分の脆弱さや罪を乗り越えてゆく。

悪魔のように繊細に。
天使のように大胆に。
そこに罪はある。

誰の中にも GACKT はいる。
シン・ジブンはいる。

死の淵から希望に向けて

銃刀法違反、暴行、恐喝、脱税、レイプ、盗作、詐欺、横領…。
様々な疑惑や炎上、トラブルから立ち上がってきたボクだが、
今回の病床では相当まいってしまった。
このままどんどんボロボロになって
「ああ、とうとう死ぬのかな」と思ったこともあった。

ボクは精神的には、相当強い方だ。

だが、そんなボクでさえ、
何度も死が頭をよぎった。

ただ、それが怖いということではない。

なぜか？
ボクは 30 の時に覚悟を決めている。
いつ死んでも構わないと思って生きている。
だから仕方がないことだとは、覚悟しているが、
…とうとう来たか、と。

マルタから帰ってきて日本に滞在している時に、急に熱が出始めて、そこ
からあっという間に意識不明になった。
生死の境を彷徨い、2週間の間、全く動けなかった。
意識が戻ってからも熱は下がらず、復活できずにいた。

ボクはもともと、体が弱く、
幼少期はずっと病院通いだった。

神経系や免疫系の問題を抱えていた。

19ぐらいから食べるものを変えて、トレーニングをし、健康を維持しているが、それでも何年かに1回は体調が崩れる。

だが、それはもう受け入れるしかない。

そこに向き合って生活していくしかない。

最初はもう、障害が起きているのかな？ というレベルで、全く喋られなくなった。

発声さえできなかった。

やっと声が出るようになったと思ったら、今度はうまく喋られなくなっていた。言葉が詰まったり、どもったり、呂律が回らなかったりということが多かった。

喋っても「え？」と、何回も聞き返される。

それがものすごいストレスだった。

さらに、しばらく経つと、

異常なぐらい肌がボロボロになってきた。

20歳ぐらい一気に年を重ねたようになってしまった。

それは関節周りの細かいところ、皮膚の薄い部分からまず出始めた。

ターンオーバーがうまくできてない感じが見てわかった。

肌が乾燥して固くなり、

象の肌みたいになっていく。

そして、それが顔に出始めた。

「おいおい勘弁してくれよ」と戦慄した。

さらに、ドラマみたいな話だが、
白血病の人たちや、抗がん剤を打ってる人たちの
髪の毛がボロボロ抜けたりする光景。あれが始まった。
初めてそれに気づいた時、ボクの動きが止まった。

シャワーを浴びていた時だ。
ただでさえ身体がボロボロな状態の中、パッと手を見たら、

指に毛がブワーッとついていた。

最初は「誰の毛だ？」と思った。上から落ちてきたのかな？と。

そこで、いやいやいやいや、と思い足元を見たら、
異常な量の自分の毛が落ちていた。
「おいおいおいおい、マジか？」
そして、ドライヤーで髪の毛を乾かすと、

髪の毛がポロポロと落ちていく。
それが毎日毎日止まらない。

「これどうしよう？」と。

もちろん笑えない状況だが、
もう笑うしかない。

さすがにまいってしまった。

最期に死ぬ時ぐらいは綺麗に死にたい。
こういうふうにどんどん動けなくなって死ぬのはいやだな、と。
そうやって死を意識しながら生活している時が、2、3ヶ月続いた。

さすがのボクも、最初は落ち込んだ。

嘘だろ？ と。

だけど笑うしかないというか、笑い話にするしかないから、ある時、毛が
抜けてるのを秘書に見せた。

「ちょっと見てくれ。この風呂見てくれよ」と。
秘書が来て、パッと見て。
「え？」って言われて。
「いや。すごいんだよ！」と言って、その場で髪をバーッとやったら、
秘書の前で髪がズワーッと落ちた。

そして、それを見て秘書が
完全にドン引きしていた。

でも、別にそれで悲しい顔をして欲しいわけじゃない。
悲しがられて改善するわけでもない。

だから冗談を言うことにした。
ボクのチームに、ハゲ散らかしているアワズという人間がいるので、

「これでアワズとデュエットかー」と。

そんなふうに、いろんなことを言って周りを笑わせていた。

自分の中でも、そこで落ち込んだから体調が変わるわけじゃない。
とにかく体を治そう、やれることをやろうとトライした。

もちろん食生活から何から、かなり厳格にはやっていたが、
なかなか結果が出ずに、迷走もした。

そこで、幹細胞治療に出会って、
治療を始めるようになった。

治療を進めていくと、
まず脱毛が止まった。

止まったと認識したのはある日、突然だった。
シャワーを浴びていて、パッと下を見たら毛が無かった。

その時にボクは一瞬思った。
「え？ ハゲた？
もう髪が無くなったのか？」と。
それまでは、いつもシャワーの時に落ちていたから。

毛が流れたのかな？ と排水口のふたを開けてみても、
「いや、ねえな」と。
それで頭を触ったら、「あるあるある！」と。
濡れたまま鏡を見て、「ああ、あるある！」と。

シャワーを終えてドライヤーで髪を乾かしてると、
いつもだったらバアッと落ちてた毛が、
どんだけバサバサやっても落ちなかった。

「あっ落ちない！」と。
「止まった！」と。とても嬉しかった。

でも、その時点ではめちゃくちゃハゲていた。

本当にビックリするぐらい
髪がスッカスカになっていた。

とてもじゃないけど、さすがに誰にも見せられないなってほどだった。
あまりにもひどくて、写真も撮っていなかった。
そこまでできる気力もなかった。

そこからだいぶ治ってきたタイミングで、自分で写真を撮り始めた。
写真だけじゃなくて動画も撮って、記録を残しておこうと。
同じようなことで悩んでいる人たちへの、ちょっとした希望になったらいいなと。
写真は、改善してる途中から撮り始めていたが、
それでもまだ髪はスカスカで、体重も10キロ以上落ちていた。

あまりに痩せたから、写真を撮ってメンバーに送った。
「どう思う？」と。
そしたら、「昔のロッカーみたいですね」と返ってきた。
それぐらい筋肉も落ちて、本当にガリガリだった。

その後、治療を始めて、しばらくして、秘書に言われた。
「若、毛生えてますよ」って。
「え？　なになに？」と鏡を見たら、いろんな場所から短い毛が、
サボテンの針のようにブワーって飛び出していた。
「若、これ新しい毛じゃないですか？」
「ほんとだ、毛生えてる」と。

そして、脱毛が止まり、毛が生えてきたぐらいから、
顔にブワーッと出ていた皮膚の異常が少しずつ収まってきた。

体の部分部分には、いまだにボコボコとした跡が残っているが、
顔からは消えた。

昔の顔に完全に戻ったかっていったら、それでもまだまだ戻っていない。
シワだったりとか、老けたなと自分では思うが。
ただ、ようやく戻ってきた実感がある。
これを2、3年続けてどこまで改善できるか？というところ。
あわよくば、若くなったらいいなとも期待していた。

そうして、どん底の状態から、
回復の兆しが見えてきた。

そこから、トレーニングを再開した。
昔みたいにフルではできないが、
毎日のルーティンとしてやっていたことはやるようになったし、
トレーニングも少しずつ荷重を増やしていった。

だが、自分の声は、明らかにまだ自然じゃなかった。
だから発声練習と、ピアノの練習も始めた。
他にやれることもなかったから、毎日毎日、1日3時間ぐらい、こんなに
練習したことないって程、練習をした。

最初は声が全然出ないところから、半年でかなり出るところまで戻した。
そこから今度は歌が歌えるところまで戻したところで、せっかくだから
ちょっとキーも上げてみようと。ついでだし。
他にやることもなかった。

もともとボクの歌のレンジは、

おそらく日本の男性ボーカリストでは
一番広い。

低いのは、とことん低いところまで出せるし、
高いところもかなり高いところまで出せる。

それをどこまで伸ばせるかやってみよう、と。
すると、現実に出せる音域が、

３オクターブから
４オクターブ近くまで上がった。

それもただ出たわけではなく、
意識的に出せるようにまでなった。

やはり練習はすごい。
訓練を重ねて回復していった時に感じたのは、

身体的なところの訓練から、
メンタルも回復するということ。

もちろん逆も然り。

意識を失ったあと、目覚めた直後は、正直、

精神的に
ものすごく不安定な状態になっていた。

思考が同じところを、クルクル回っていた。

ボクは幼少期にそういう状態になることが多かった。
あの頃は精神が不安定だった。
何回も何回も同じことを考えてしまう。
そして、それが止まらないから苦しい。

だから、あの頃と同じ感覚だと気づいた時に、
「おいおいおいおい大丈夫かオマエ？
GACKT しっかりしろよ」と。
自分で自分の頬を叩いた。

その時に、やはり身体と心は直結していると感じた。

身体がダメになることで、
心が引っ張られることがある。
健康であることと
心が強くあることは、イコールだ。

そして、裏を返せば、ボクはこれまで健康でいようと心がけていたから
こそ、心も強くいられたんだ、ということに気づいた。

自分が、昔のように精神的に弱っていると自覚した時、ボクは精神的な
アプローチでそれを回復させようとは考えなかった。

考えたのはひとつだけ。

「とにかく決めたことをやろう」ということ。

しんどいからやらないとか、ネガティブになってるから考え方を変えよう
とかじゃなく。

身体的なダメージが心に影響してる、直結してると気づいたから、身体に
対して必要なこと、やらなきゃいけないことを、好きとか嫌いとか関係な
く、自分でスケジュール決めて、やろうと。

まずやる。決めたから、やる。

落ち込んではいたけれど、
だからといって、やらない理由にはならない。
それは、プロとしてステージに立つことと同じこと。

お笑いの人たちが、

「今日は悲しいことがあったんで、
笑える話はできません」

と言えるか？
それはプロじゃない。面白いから面白い話をするんじゃなくて、
自分がどんな状況でも、仕事として面白い話を届けて、
人を笑わすことができるからプロだということ。

それはボクも一緒。
自分がどんな状況でも、ステージに立って届けなきゃいけないものがある。
だから、ステージに立つ。

どんなに悲しいことや苦しいことや
辛いことがあったとしても、
それはステージとはなんの関係も無い。

では、なんの準備もなく、とにかくステージにだけ上がって
プロとしてのパフォーマンスができるかと言えば、それも違う。
プロとしてのやるべきことは、日々の生活から決まっている。

だから、日々の中で、どれだけしんどいとか苦しいとかは関係ない。
決めたことをやる。それだけ。
そして、決めたことをやっていけば、
できなかったことができるようになってくる。
ちょっとずつだけど、昨日はこれだけしかできなかったけど、
今日はここまでできた、と。

そうすれば、

「おお、成長してんじゃん、やれるよ GACKT」

と、ボクはボクに言われるんだ。

成長してるとはいえ、戻る時もある。
それは「うわっ」と思うぐらいの時もある。
2歩進んで3歩下がるように。
だが、進んだという事実は存在する。だから、戻ったことに焦点を置くの
ではなく、進んだということに自分の重きを置いて、

「大丈夫、進めたんだから、また進める」と。

そして、それをまた繰り返す。
少しずつ、しんどくても、負荷をかけていく。
トレーニングから何から、決めたことを。
歌だってそう。発声の練習だってそう。全てにおいて。

その進んで戻って進んで戻ってを繰り返しながら、少しずつ前に進んでいく中で、「うん。これだな。これを届けることがボクの役目だろうな」となる。

ボクはボクを応援してくれている仲間やファンのみんなに、少なくとも一緒の時代に生まれて、出会い、なにかしらをボクから感じてくれてるみんなに、これを届けよう。

諦めちゃダメだ、前に進まなきゃダメだ。
止まっちゃダメだ。
進めば、必ず戻ることはある。
でも進み続けることが
結果として距離を伸ばすことになる。
だから諦めないで、
とにかく決めたことをやり続ける。

そして、大変でも、しんどくても、決めたからにはやる。
自分にウソをつきたくない。
だからやろうと決めてここまで来た。

その結果、この歳になっても進化している、成長していると実感している。
病気の前と比べるとどうかはわからない。
ただし、前に進んでいるってことだけは、自信を持って言える。

自分がダメージを受けているかどうかということは正直、どうでもいい。
ダメージが治ったから何かやる、ではなくて、決めたことだけを、必ずやる。
どんな状況でも、どんなに苦しくてもやる。
それが、なにより大事。

もちろん、友達は、優しい言葉を投げかけてくれる。「大丈夫？」と。
そんな状況でも連絡を送ってくれる仲間や友達がいっぱいいて。
さらに、早く会いたいとファンの子たちからメッセージをもらった。

ボクの心の中の GACKT が、低いトーンで話しかけてくる。
「おい GACKT、
落ち込んでいる場合じゃねぇだろう」と。
「まずやることやれよ」と。

さんざんやることをやり尽くして、それでもできなかった時、
何も結果が出なかった時は、その時は笑っていい。

「やることはやった。
もう殺せ！」と。

ただ、精神的にもダメージを受けてる時、
正直、やりたくないってなる時もある。
だが、助かったのは秘書の存在。ウチの秘書はすごく厳しい。

「若、もう時間ですよ、トレーニングしますよ」と。
「厳しいな！」とボクも答える。

そしてシャワーを浴びている時にボクの中のGACKTがまた語りかける。
「おいおい、オマエもまだまだだな」と。

「人から言われてやっているレベルじゃ
まだまだクソだぜ」と。

「決めたことぐらいやれよオマエ、GACKTだろう？」と。

それがあったおかげで、本当に毎日やり続けることができて、少しずつ
体力も戻り、仲間もまたトレーニングに参加するようになった。

もちろんボクも、前みたいにできているとは思っていない。
だが、みんなが言うには「オマエ、本当病人かよ？」と。
「どこが病気よ？」と。
秘書もボクと3ヶ月間一緒にトレーニングした結果、腹筋がバキバキに割
れていた。

厳しい人が側にいてくれたからこそ、
自分にもより厳しくできたということ。

秘書には感謝している。

そして、病気からの回復がまだ万全ではない中で、ボクは復帰することを決めた。やれることを全力でやると決めた。

ライブに関しては、声が 100% 戻っているわけじゃないし、喋ることはできても、歌うということに関しては、まだステージいけるか？ というところはあり、正直、もう少し時間が欲しかった。

だが、チームの連中は、もうライブのことを話していた。
これはボクの性格と同じこと。
治ったらやりましょう、ではなく、決めたらやろうということ。

いつと決めたら、そこに間に合わせて戻すしかない。
そして、必ずそうする。

2023 年 3 月、復帰後、
初のライブツアーを敢行。
やっとステージに戻ってくることができた。

そして、そこには歌唱力と音域、精神状態、その全てがバージョンアップした GACKT を、来てくれたファンのみんなに見てもらうことができた。
ボクが人知れず歯を食いしばってやってきたことが報われた瞬間だ。

今回改めて感じたのは、ファンもクライアントも、温かい人たちが
やはり多い。みんな応援してくれて、「GACKTが復帰するんだったら！」
と言ってくれる人たちもたくさんいた。
本当にありがたいことだ。

離れていく人は離れていくが、別にそこはいい。
逆に「金が無くなったから、芸能界に復帰するんだろ」と、
どこの誰だかわからないヤツに言われたこともあった。

ただ、これだけは言わせてほしい。
ボクは、この2年間、やることがなかった。

だから、金だけは稼いでいた。

暇だったから。

寝ながら。

最後に、ボクはそもそも、愚痴を言いたいわけでもないし、
言う必要も無いし、愚痴を言いたいほど自分の生活がダメかと言えば、
それこそ世界中を敵に回しそうだ。

命があることに感謝をしてるし、
まだ生きている。

まだ完全に体が治っていないから、よけいに感謝の気持ちが強い。

みんな苦しいことやしんどいことがあるかもしれないが、
努力によってほとんどが解決できる。
そして、その努力が報われた時、

自分に対して、
少し褒めてやってもいいんじゃないのか？

ボクは別に見返りを求めてこの本を書いているわけじゃないし、
オマエらボクに何か返せよと思う必要も無い。

ただ、ボクが自分自身の経験から思うことは、自分がやったこと、
他人に対して何か助けたことは、必ずいつか返ってくる。

逆に他人を責めたこと、他人を罵ったことは、それも自分に返ってくる。

結局、いいことも悪いことも、

やったことは
全部自分に返ってくるだけの話だ。

まずは一歩足を外に向けて行動を始めてみること。
そこから新たな出会いが生まれる。
特に深い繋がりはそう。

病気の時に、ボクが家の中に引きこもって、ずっと携帯やモニターを見て
生活していたら、今のボクはいたのか? という話。

のちのち、ボクが死んだ後に、誰かがこの本を手にとることがあれば、
こんなふうに生きられたら面白いな、
こんな考えで人生を送れた方が絶対楽しいだろうな、
そんなふうに思える、何かひとつのきっかけになってくれれば、
この本にも意味があるのかもしれない。

GACKT

数え切れぬほどの
敗戦を糧に、前に進め。

進み続ければ、
その先でオマエは
本当の勝利を手に入れる。

GACKT

GACKTの勝ち方

GACKTはなぜそんなに
お金を持っているのか？
最大の疑問に本人が答えた。
ベスト＆ロングセラー！

僕らはどうしたら
GACKTのように考え、稼ぎ、
強く生きることができるのか？
GACKTの脳内を徹底解剖！

勝ち続け、結果を出し続ける
GACKTの黒すぎる手口を公開！
他人と自らの心と行動を操り、
圧倒的な結果を手に入れろ！

GACKT
敗戦記

2023年9月4日　初版発行

著者	GACKT
編集・制作	甲斐博和　高橋賢治

発行者　　　北里洋平

発行　　　　株式会社NORTH VILLAGE
　　　　　　〒150-0042 東京都渋谷区宇田川町３２−７
　　　　　　HULIC & New UDAGAWA 3F
　　　　　　TEL 03-5422-3557　https://northvillage.asia

発売　　　　サンクチュアリ出版
　　　　　　〒113-0023 東京都文京区向丘2-14-9
　　　　　　TEL 03-5834-2507／FAX 03-5834-2508

印刷・製本　　創栄図書印刷株式会社